QUELQUES

ÉCRIVAINS FRANÇAIS

DU MÊME AUTEUR

La Critique scientifique. Un vol. in-16; 2ᵉ édition . 3 fr. 50

Études de Critique scientifique — **Écrivains francisés**
— Dickens — Heine — Tourguénef — Poë — Dostoïewski
— Tolstoï. Un vol. in-16 . . . . 3 fr. 50

POUR PARAITRE PROCHAINEMENT

Poëmes en prose. Un vol. in-16.

ÉTUDES DE CRITIQUE SCIENTIFIQUE

QUELQUES
ÉCRIVAINS FRANÇAIS

FLAUBERT — ZOLA — HUGO — GONCOURT

HUYSMANS, ETC.

PAR

ÉMILE HENNEQUIN

PARIS

LIBRAIRIE ACADÉMIQUE DIDIER

PERRIN ET Cie, LIBRAIRES-ÉDITEURS

35, QUAI DES GRANDS-AUGUSTINS, 35

1890

Tous droits réservés

PRÉFACE

Ces articles ont été publiés à diverses époques dans diverses revues, et l'auteur se proposait de les revoir et de les compléter. Émile Hennequin, qui avait à un haut degré le respect de son talent et le respect du livre, n'aurait certainement pas consenti à former un volume d'études plus ou moins hétérogènes, qu'il n'y a pas de raison péremptoire pour réunir sous un même titre, et qui ne constituent pas un ensemble comme les *Écrivains francisés*. Soucieux de conserver tout ce qu'a produit ce rare esprit, nous n'avons pas cru devoir nous laisser arrêter par les considérations qui l'auraient arrêté lui-même, et il nous a semblé que, prise isolément, chacune des études que nous présentons aujourd'hui offrait un assez haut intérêt pour honorer encore la mémoire d'Émile Hennequin et pour entretenir les regrets de ceux qui ont vu disparaître avec lui une des plus belles intelligences et l'un des plus purs talents de la jeune génération.

L'Éditeur.

GUSTAVE FLAUBERT

ÉTUDE ANALYTIQUE

I

LES MOYENS

Le style; mots, phrases, agrégats de phrases.
Le style de Gustave Flaubert excelle par des mots justes, beaux et larges, assemblés en phrases cohérentes, autonomes et rhythmées.

Le vocabulaire de *Salammbô,* de *l'Éducation sentimentale,* de la *Tentation de saint Antoine* est dénué de synonymes et, par suite, de répétitions ; il abonde en série de mots analogues propres à noter précisément toutes les nuances d'une idée, à l'analyser en l'exprimant. Flaubert connaît les termes techniques des matières dont il traite ; dans *Salammbô* et la *Tentation,* les langues anciennes, de l'hébreu au latin, aident à désigner en paroles propres les objets et les êtres. Sans cesse, en des phrases où l'on ne peut noter les expressions cherchées et acquises, il s'efforce de dire chaque chose en une langue qui l'enserre et la contient comme un contour une figure.

A cette dure précision de la langue, s'ajoute en certains livres et certains passages une extraordinaire beauté. Les paroles sollicitent les sens à tous les charmes ; elles brillent comme des pigments ; elles sont chatoyantes comme des gemmes, lustrées comme des soies, entêtantes comme des parfums, bruissantes comme des cymbales ; et il en est qui, joignant à ces prestiges quelque noblesse ou un souci, figent les émotions en phrases entièrement délicieuses :

« Les flots tièdes poussaient devant nous des perles blondes. L'ambre craquait sous nos pas. Les squelettes de baleine blanchissaient dans la crevasse des falaises. La terre à la fin se fit plus étroite qu'une sandale ; — et après avoir jeté vers le soleil des gouttes de l'océan, nous tournâmes à droite pour revenir. »

Et ailleurs :

« Il y avait des jets d'eau dans les salles, des mosaïques dans les cours, des cloisons festonnées, mille délicatesses d'architecture et partout un tel silence que l'on entendait le frôlement d'une écharpe ou l'écho d'un soupir. »

Par un contraste que l'on perçoit déjà dans ce passage, Flaubert, précis et magnifique, sait user parfois d'une langue vague et chantante qui enveloppe de voiles un paysage lunaire, les inconsciences profondes d'une âme, le sens caché d'un rite, tout mystère entrevu et échappant. Certaines des scènes d'amour où figure Mme Arnoux, l'énumération des fabuleuses peuplades accourues à la prise de Carthage, le symbole des Abaddirs et les mythes de Tanit, les louches apparitions qui, au début de la nuit magique, susurrent à saint Antoine des phrases incitantes, la chasse brumeuse où des bêtes invulnérables poursuivent Julien de leurs mufles froids, tout cet au delà est décrit en termes grandioses et lointains, en indéfinis pluriels abstraits et approchés qui unissent à l'insidieux des choses, la trouble incertitude de la vision.

Cet ordre de mots et les autres, les plus ordinaires et les plus rares sont assemblés en phrases par une syntaxe constamment correcte et concise. Par suite de l'une des propriétés de la langue de Flaubert, de n'employer par idée qu'une expression, un seul vocable représente chaque fonction grammaticale et s'unit aux autres selon ses rapports, sans appositions, sans membres de phrase intercalaires, sans ajouture même soudée par un qui ou une conjonction. Chaque proposition ordinairement courte se compose des éléments syntactiques indispensables, est construite selon un type permanent, soutenue par une armature préétablie, dans laquelle s'encastrent successivement d'innombrables mots, signes d'innombrables idées, formulées d'une façon precise et belle, en une diction définitive. Cette parité grammaticale est le principal lien entre les œuvres diverses de Flaubert. Sous les différences de langue et de sujet, unissant des formes tantôt lyriques, tantôt vulgaires, les rapports de mots sont semblables de *Madame Bovary* à la *Tentation*, et constituent des phrases analogues associées en deux types de période.

Le plus ordinaire, qui est déterminé par la concision même du style, l'unicité des mots et la consertion de la phrase, est une période à un seul membre, dans laquelle la proposition présentant d'un coup une vision, un état d'âme, une pensée ou un fait, les pose d'une façon complète et juste, de sorte qu'elle n'a nul besoin d'être liée à d'autres et subsiste détachée du contexte. Ainsi de chacune des phrases suivantes :

« Les Barbares, le lendemain, traversèrent une campagne toute couverte de cultures. Les métairies des patriciens se succédaient sur le bord de la route ; des rigoles coulaient dans des bois de palmiers ; les oliviers faisaient de longues lignes vertes ; des vapeurs roses flottaient dans les gorges des collines ; des montagnes bleues se dressaient par derrière. Un vent chaud soufflait. Des caméléons rampaient sur les feuilles larges des cactus. »

De la présence chez Flaubert de cette période statique et discrète, découlent l'emploi habituel du prétérit pour les actes et de l'imparfait pour les états ; de là encore l'apparence sculpturale de ses descriptions où les aspects semblent tous immobiles et placés à un plan égal comme les sections d'une frise.

Ce type de période alterne avec une coupe plus rare dans laquelle les propositions se succèdent liées. Aux endroits éclatants de ses œuvres, dans les scènes douces ou superbes, quand le paragraphe lentement échafaudé va se terminer par une idée grandiose ou une cadence sonore, Flaubert, usant d'habitude d'un « et » initial, balançant pesamment ses mots, qui roulent et qui tanguent comme un navire prenant le large, pousse d'un seul jet un flux de phrases cohérentes :

« Trois fois par lune, ils faisaient monter leur lit sur la haute terrasse bordant le mur de la cour ; et d'en bas on les apercevait dans les airs sans cothurnes et sans manteaux, avec les diamants de leurs doigts qui se promenaient sur les viandes, et leurs grandes boucles d'oreilles qui se penchaient entre les buires, tous forts et gras, à moitié nus, heureux, riant et mangeant en plein azur, comme de gros requins qui s'ébattent dans l'onde. »

Et cette autre période, dans un ton mineur « Maintenant, il l'accompagnait à la messe, il faisait le soir sa partie d'impériale, il s'accoutumait à la province, s'y enfonçait ; — et même son amour avait pris comme une douceur funèbre, un charme assoupissant. A force d'avoir versé sa douleur dans ses lettres, de l'avoir mêlée à ses lectures, promenée dans la campagne et partout épandue, il l'avait presque tarie ; si bien que Mme Arnoux était pour lui comme une morte dont il s'étonnait de ne pas connaître le tombeau, tant cette affection était devenue tranquille et résignée. »

En cette forme de style Flaubert s'exprime dans ses romans, quand apparaît une scène ou un personnage qui l'émeuvent ; dans *Salammbô* et la *Tentation*, quand l'exaltation lyrique succède au récit.

Ces deux sortes de périodes s'unissent enfin en paragraphes selon certaines lois rhythmiques ; car la prose de Flaubert est belle de la beauté et de la justesse des mots, de leur tenace liaison, du net éclat des images ; mais elle charme encore la voix et l'oreille par l'harmonie qui résulte du savant dosage des temps forts et des faibles.

Constitué comme une symphonie d'un *allegro*, d'un *andante* et d'un *presto*, le paragraphe type de Flaubert est construit d'une série de courtes phrases statiques, d'allure contenue, où les syllabes accentuées égalent les muettes; d'une phrase plus longue qui, grâce d'habitude à une énumération, devient compréhensible et chantante, se traîne un peu en des temps faibles plus nombreux; enfin retentit la période terminale dans laquelle une image grandiose est proférée en termes sonores que rythment fortement des accents serrés. Ainsi qu'on scande à haute voix, ce passage :

« Où donc vas-tu ? Pourquoi changer tes formes perpétuellement ? Tantôt mince et recourbée tu glisses dans les espaces comme une galère sans mâture ; ou bien au milieu des étoiles tu ressembles à un pasteur qui garde son troupeau. Luisante et ronde tu frôles la cîme des monts comme la roue d'un char. »

Et cet autre passage d'une mesure plus alanguie :

« Il n'éprouvait pas à ses côtés ce ravissement de tout son être qui l'emportait vers Mme Arnoux, ni le désordre gai où l'avait mis d'abord Rosanette. Mais il la convoitait comme une chose anormale et difficile, parce qu'elle était noble, parce qu'elle était riche, parce qu'elle était dévote, — se figurant qu'elle avait des délicatesses de sentiment, rares comme ses dentelles, avec des amulettes sur la peau et des pudeurs dans la dépravation. »

C'est ainsi, par des expansions et des contractions alternées, modérant, contenant et précipitant le flux des syllabes, que Flaubert déclame la longue musique de son œuvre, en cadences mesurées. Et chacun de ses groupes de brèves et de longues est si bien pour lui une unité discrète et comme une strophe, qu'il réserve, pour les clore, ses mots les plus retentissants, les images sensuelles et les artifices les plus adroits. C'est ainsi que fréquemment, à défaut d'un vocable nombreux, il modifie par une virgule la prononciation d'un mot indifférent, contraignant à l'articuler tout en longues :

« Çà et là un phallus de pierre se dressait, et de grands cerfs erraient tranquillement, poussant de leurs pieds fourchus des pommes de pin, tombées. »

Joints enfin par des transitions ou malhabiles ou concises et trouvées, telles que peut les inventer un écrivain embarrassé du lien de ses idées, les paragraphes se suivent en lâches chapitres qu'agrège une composition ôu simple et droite comme dans les récits épiques, ou diffuse et lâche comme dans les romans. *L'Éducation sentimentale* notamment, où Flaubert tâche d'enfermer dans une série linéaire les événements lointains et simultanés de la vie passionnelle de Frédéric Moreau et de tout son temps, présente l'exemple d'un livre incohérent et énorme.

Ainsi, d'une façon marquée dans les œuvres où le style est plus libre des choses, moins nettement dans les romans, chaque livre de Flaubert se résout en chapitres dissociés, que constituent des paragraphes autonomes, formés de phrases que relie seul le rhythme et qu'assimile la syntaxe. Ces éléments libres, de moins en moins ordonnés, ne sont assemblés que par leur indentité formelle et par la suite du sujet, comme sont continus une mosaïque, un tissu, les cellules d'un organe, ôu les atomes d'une molécule.

Procédés de démonstration : descriptions, analyse : De même que l'écriture de Flaubert se décompose finalement en une succession de phrases indépendantes douées de caractère identiques, ainsi ses descriptions, ses portraits, ses analyses d'âmes, ses scènes d'ensemble se réduisent à une énumération de faits qui ont de particulier d'être peu nombreux, significativement choisis, et placés bout à bout sans résumé qui les condense en un aspect total.

La ferme du père Rouault, au début de *Madame Bovary*, puis le chemin creux par où passe la noce aux notes égrenées d'un ménétrier, — un canal urbain, un champs que l'on fauche dans *Bouvard et Pécuchet*, sont décrits en quelques traits uniques accidentels et frappants, sans phrase générale qui désigne l'impression vague et entière de ces scènes. Le merveilleux paysage de la forêt de Fontainebleau, dont l'idylle apparaît au milieu de l'*Éducation sentimentale*, est peint de même avec des types d'arbre, de petits sentiers, des clairières, des sables, des jeux de lumière dans des herbes ; le fulgurant lever de soleil à la fin du banquet des mercenaires dans le jardin d'Hamilcar, est montré en une suite d'effets particuliers à Carthage, étincelles que l'astre met au faîte des temples et aux clairs miroirs des citernes, hennissements des chevaux de Khamon, tambourins des courtisanes sonnant dans le bois de Tanit ; et pour la nuit de lune où Salammbô profère son hymne à la déesse, ce sont encore les ombres des maisons puniques et l'accroupissement des êtres qui les hantent, les murmures de ses arbres et de ses flots, qui sont énumérés.

Les portraits de Flaubert sont tracés par ce

même art fragmentaire. Mannaëi, le décharné bourreau d'Hérode, la vieille nourrice au profil de bête qui sert Salammbô, sont dépeints en traits dont le lecteur doit imaginer l'ensemble. Que l'on se rappelle toutes les physionomies modernes que le romancier a mises dans notre mémoire, les camarades de Frédéric Moreau, les hôtes des Dambreux, le père Régimbard imposant, furibond et sec, Arnoux, la délicieuse héroïne du livre; puis la figure de *Madame Bovary*, les grotesques, Rodolphe brutal et fort, les croquis des comices, le débonnaire aspect du mari, et les merveilleux profils de l'héroïne, — toutes ces figures et ces statures sont retracées analytiquement, en traits et en attitudes ; ainsi :

« Jamais Mme Bovary ne fut aussi belle qu'à cette époque... Ses paupières semblaient taillées tout exprès pour ses longs regards amoureux où la prunelle se perdait, tandis qu'un souffle fort écartait ses narines minces et relevait le coin charnu de ses lèvres qu'ombrageait à la lumière un peu de duvet noir. On eût dit qu'un artiste habile en corruptions avait disposé sur sa nuque la torsade de ses cheveux ; ils s'enroulaient en masse lourde négligement et selon les hasards de l'adultère qui les dénouait tous les jours. Sa voix maintenant prenait des inflexions plus molles, sa

taille aussi ; quelque chose de subtil qui vous
pénétrait se dégageait même des draperies de
sa robe et de la cambrure de son pied. »

Et cet art de raccourci qui surprend en chaque
être le trait individuel et différentiel, atteint
dans la *Tentation de saint Antoine* une perfection supérieure ; dans ce livre où chaque apparition est décrite en quelque phrases concises,
il n'en est pas qui ne fixe dans le souvenir une
effigie distincte, dont quelques-unes — la reine
de Saba, Hélène-Ennoia, les femmes montanistes,
— sont inoubliables.

Par un procédé analogue, fragmentaire et
laborieux, Flaubert montre les âmes qui actionnent ces corps et ces visages. Usant d'une série
de moyens qui reviennent à indiquer un état
d'âme momentané de la façon la plus sobre et
en des mots dont le lecteur doit compléter le
sens profond, il dit tantôt un acte significatif
sans l'accompagner de l'énoncé de la délibération antécédente, tantôt la manière particulière
dont une sensation est perçue en une disposition ; enfin il transpose la description des sentiments durables soit en métaphores matérielles,
soit dans les images qui peuvent passer dans une
situation donnée par l'esprit de ses personnages.

Le dessin du caractère de Mme Bovary présente tous ces procédés. Par des faits, des paroles, des gestes, des actes, sont signifiés les débuts de son hystérisme, son aversion pour son mari, son premier amour, les crises décisives et finales de sa douloureuse carrière. Par des indications de sensations, la plénitude de sa joie en certains de ses rendez-vous, et encore l'âme vide et frileuse qu'elle promenait sur les plaines autour de Tostes :

« Il arrivait parfois des rafales de vent, brises de la mer, qui, roulant d'un bond sur tout le plateau du pays de Caux, apportaient jusqu'au loin dans les champs une fraicheur salée. Les joncs sifflaient à ras de terre et les feuilles des hêtres bruissaient en un frisson rapide, tandis que les cîmes se balançant toujours continuaient leur grand murmure. Emma serrait son châle contre ses épaules et se levait. »

Pénétrant davantage la sourde éclosion de ses sentiments, d'incessantes métaphores matérielles disent le néant de son existence à Tostes, son intime rage de femme laissée vertueuse, par le départ de Léon et son exultation aux atteintes d'un plus mâle amant :

« C'était la première fois qu'Emma s'entendait dire ces choses ; et son orgueil, comme quelqu'un qui se délasse dans une étuve, s'étirait mollement et tout entier à la chaleur de ce langage. »

Et encore la contrition grave de sa première douleur d'amour :

« Quant au souvenir de Rodolphe, elle l'avait descendu tout au fond de son cœur ; et il restait là plus solennel et plus immobile qu'une momie de roi dans un souterrain. Une exhalaison s'échappait de ce grand amour embaumé et qui, passant à travers tout, parfumait de tendresse l'atmosphère d'immaculation où elle voulait vivre. »

Puis des récits d'imagination [1], aussi nombreux chez Flaubert que les récits de débats intérieurs chez Stendhal, complètent ces comparaisons, dévoilent en Mme Bovary l'ardente montée de ses désirs, l'existence idéale qui ternit et trouble son existence réelle. Des hallucinations internes marquent son exaltation romanesque quand elle vit à Tostes, amère et déçue ; de plus confuses, le désarroi de son esprit tandis qu'elle cède à la fête des comices sous les déclarations de Rodolphe ; d'autres, l'élan de son âme libérée quand elle eut obtenu de partir avec son amant ; des imaginations confirment et attisent sa dernière passion que mine sans cesse l'indignité de son amant, et emplissent encore de terreur sa lamentable fin.

---

[1] La signification de ce procédé d'analyse est excellemment développée dans les *Essais de psychologie* de M. Paul Bourget.

De ces procédés, ce sont les moins artificiels qui subsistent dans l'*Éducation sentimentale*; les personnages de ce roman sont montrés par de très légères indications, un mot, un accent, un sourire, une pâleur, un battement de paupières, qui laisse au lecteur le soin de mesurer la profondeur des affections dont on livre les menus affleurements. Les conversations de Frédéric et de Mme Arnoux, puis ce dîner où celle-ci, Mme Dambreuse et Mlle Roques, réunies par hasard, entrecroisent curieusement les indices de leurs amours et de leurs soucis, montrent la perfection de ce procédé, qui est encore celui des œuvres épiques, et de tout psychologue qui ne substitue pas l'analyse interne à la description par les dehors.

Il faut retenir en effet combien ces procédés de Flaubert conviennent aux nécessités de son style. Un énoncé de faits, une métaphore, un récit d'imaginations se prêtent parfaitement à être conçus en termes précis, colorés et rhythmés. En fait, les plus beaux passages de *Madame Bovary* et de l'*Éducation* sont ceux où l'auteur s'exalte à montrer la pensée de ses héroïnes. Décrite comme une vision, frappée en éclatantes figures et chantée comme une strophe, elle donne lieu à de splendides périodes, où se déploient tous les prestiges du style.

L'art de ne révéler d'un paysage, d'une physionomie et d'une âme qu'un petit nombre d'aspects saillants, cette concision choisie et savante, ressortent encore des tableaux d'ensemble où se mêlent les péripéties et les descriptions. Que l'on prenne la scène des comices dans *Madame Bovary*, les files de filles de ferme se promenant dans les prés, la main dans la main, et laissant derrière elles une senteur de laitage, la myrrhe qu'exhalent les sièges sortis de l'église, les physionomies grotesques ou abêties de la foule, l'attitude nouvelle de Homais, les passes conversationnelles où Rodolphe conquiert la chancelante épouse, tout est saisi en de brefs aspects particuliers, sans le narré du train ordinaire qui dut accompagner ces faits d'exception. Dans l'*Éducation sentimentale*, cette contention et le choix adroit des détails significatifs tiennent du prodige. Une certaine phase que connaissent tous les habitués de traversées, est notée par ces simples mots : « Il se versait des petits verres ». Les courses, l'attaque singulière du poste du Château-d'Eau pendant les journées de Février, qui est exactement ce qu'un passant verrait d'une émeute, — une séance de club, l'élégance et le luxueux ennui d'une réception chez un financier, sont décrits de même en traits discontinus et marquants. Et jusqu'aux merveilleuses et poignantes entrevues de Frédéric et de Mme Arnoux, à cette idylle d'Auteuil, où, vêtue d'une robe brune et lâche, elle promenait sa grâce douce sous des feuillages rougeoyants, — qui sont notées en faits indispensables et dépourvues de toute phraséologie inutile. Que l'on se rappelle, pour confirmer ces notions, les scènes exactes et comme perçues de *Salammbô*, ou l'extrême concision des préludes descriptifs dans la *Tentation*, les sobres et éclatantes phrases dans lesquelles un détail baroque ou raffiné révèle tout un temps ; le festin d'Hérode, où, dans la succession des actes, pas une page ne souligne l'énorme luxure latente des convives qu'enivre la fumée des mets et la chaude danse de l'incestueuse ballerine ; tous ces rayonnants tableaux sont peints en touches sûres et rares, qui ne montrent d'un spectacle que les fortes lumières et les attitudes passionnantes.

Caractères généraux des moyens : Nous venons d'analyser avec une minutie qui sera justifiée plus loin, les moyens dont use Flaubert pour susciter en ses lecteurs les émotions qui seront désignées. Leur caractère commun est aisé à démêler, et rarement, du style à la composition, de la description à la psychologie, des mots aux faits, un artiste a fait preuve d'une plus rigide conséquence.

Du haut en bas de son œuvre, Flaubert est celui qui choisit avec rigueur et assemble avec effort des matériaux triés. Qu'il s'agisse de l'élection d'un vocable, il le veut unique, précis et tel que chacun ou chaque série réalise des idéaux sensuels et intellectuels nombreux. La syntaxe est correcte, sobre, liante, de façon à modeler des phrases presque toujours aptes à figurer isolées. Et comme cette rigueur concise exclut de la langue de Flaubert toute superfluité, des lacunes existent, ou le semblent, entre les unités dernières de son œuvre ; les paragraphes se suivent sans se joindre, et les livres s'étagent sans soudure.

De même, si l'on considère ses procédés d'écriture par le contenu et non plus par le contenant, les faits aussi soigneusement élus que les mots, forcés d'ailleurs d'être tels qu'on les puisse exprimer dans une langue déterminée, — sont significatifs pour qu'ils donnent lieu à de belles phrases, et significatifs encore, parce qu'ils résultent d'un choix d'où le banal est exclu.

De ce triage perpétuel des mots et des choses, résulte la concision puissante, la haute et difficile portée de ce qu'exprime Flaubert ; de là ses descriptions écourtées, disjonctives et pourtant résumantes, sa psychologie, soit transmutée en magnifiques images, soit réduite en sobres indications d'actes, sous lesquelles certains esprits perçoivent ce qui est intime et d'ailleurs inexprimé ; de là le sentiment de formidable effort et d'absolue réussite parfois, que ces œuvres procurent, qui, ramassées, trapues, planies, parachevées et polies grain à grain, ressemblent à d'énormes cubes d'un miroitant granit.

II

LES EFFETS

L'ensemble : L'œuvre de Flaubert est double, départie entre le vrai et le beau. La tragique histoire de *Madame Bovary* raconte en sa froide exactitude la ruine d'une âme forte et irrésignée qu'avilit et qu'écrase la bassesse stupide de tous. L'*Éducation sentimentale* conduit, par l'infini dédale des lâches amours de Frédéric Moreau, de la rubiconde infamie d'Arnoux, à la double beauté de Marie Arnoux ; ce livre apprend à mesurer les extrêmes de l'humanité..Il est des heures où du spectacle des choses s'exhale le pessimisme parfois puéril de *Bouvard et Pécuchet*, que corrige la cordiale pitié empreinte dans le premier des *Trois Contes*. Les pages qui le suivent consolent par d'augustes spectacles d'avoir vu et pénétré la vie. L'irrésistible charme de la *Légende*, la sèche beauté d'*Hérodias*, induisent à *Salammbô* où la pourpre et les ors du style expriment, en une suprême fanfare, l'exquis, le grandiose et le fulgurant. En l'œuvre maîtresse, la *Tentation de saint Antoine*, le beau et le vrai s'allient par l'allégorie ; pénétrée de signification et décorée de splendeur, cette œuvre consigne en un dernier effort tout le testament spirituel et mystique de Gustave Flaubert.

Cette ordonnance n'est point absolue. Les œuvres où Flaubert s'est le plus abandonné au terne cours de la vie, sont teintes parfois d'incomparables beautés de style et d'âme. Il est même des passages dans l'*Éducation sentimentale* qui, dans leur tentative d'exprimer d'indéfinissables mouvemements d'âmes, touchent au mystère. Et si la beauté rayonne dans *Salammbô*, la *Tentation*, *Hérodias*, la *Légende*, elle y est définie et corroborée par un réalisme historique plein de minutie. Le pessimisme qu'affirme *Bouvard et Pécuchet* ne ressort pas plus des tristes dénouements des romans, que des farouches destinées qui s'appesantissent dans *Salammbô* et des continus effarements avec lesquels saint Antoine contemple l'écroulement de ses erreurs. Ainsi mêlées en des alliages où chaque élément prédomine alternativement, les deux passions de Flaubert, la beauté exaltée jusqu'au mystère, et la vérité suivie de pessimisme, composent les livres que nous analysons.

Le réalisme : Le réalisme, qu'il faut définir la tendance à voir dans les objets dénués de beauté matière à œuvre d'art, est poussé chez Flaubert à ses extrêmes limites, et, en fait, certains côtés extérieurs de *Madame Bovary* et de l'*Éducation* n'ont pas été dépassés par les romanciers modernes. Flaubert s'est astreint à décrire de niaises campagnes, comme les environs d'Yonville, où les plates rives de la Seine entre lesquelles se passe le début de son second roman. Des intérieurs sordides apparaissent dans ses livres, de la cahute près d'Yonville, où M*me* Bovary trouva l'entremetteuse de ses liaisons, à la mansarde dans laquelle Dussardier blessé fut soigné par cette énigmatique personne, la Vatnaz. Mais la médiocrité attire Flaubert davantage. Il excelle à peindre en leur ironique dénûment de toute beauté, certains intérieurs bourgeois, décorés de lithographies, planchéiés, frottés et balayés. Certaines hideurs modernes le requièrent. Il s'adonne à rendre minutieusement le ridicule des fêtes agréables aux populations, comme les comices d'Yonville et les solennités publiques de la capitale. Tout ce qui forme le contentement de la classe moyenne, les gros déjeuners de garçons, les séances au café, les parties fines pour des villageois dans la ville proche, la maîtresse chichement entretenue, les cadeaux que M. Homais rapporte à sa famille, sa gloriole de père infatué, le bonnet grec, la politique, les joies solitaires en un métier d'agrément, sont complaisamment décrits. Et de même, plus haut, les aimables fourberies de M. Arnoux riche, la religion du chic dont est imbu le jeune de Cisy, les plaisirs mondains de Mme Dambreuse et les galanteries maquignonnes de son premier amant, sont détaillés avec une insistance dont l'ironie n'exclut pas toute exactitude. Les êtres de ce milieu sont des âmes journalières et ordinaires, toute la moyenneté des fonctions sociales, le pharmacien, l'officier de santé, le notaire, le banquier, l'industriel d'art, le répétiteur de droit, l'habitué d'estaminets, et les femmes de ces gens. Décrits, analysés, mis en scène, avec une moquerie tacite, mais aussi avec la pénétration adroite d'un connaisseur d'hommes, ils donnent de la vie et de la société une image au demeurant exacte pour une bonne part de ce siècle. Que l'on joigne à cette médiocrité des lieux et des gens, le mince intérêt des aventures, un adultère diminué de tout l'ennui de la province, la vie campagnarde de deux vieux employés, l'existence sociale de quelques familles moyennes à Paris, que traverse le désœuvrement d'un jeune homme nul, on reconnaîtra dans les romans de Flaubert, tous les traits essentiels de l'esthétique réaliste.

Il en possède la véracité. S'efforçant sans cesse de rendre exactement du spectacle des choses ce que ses sens en ont perçu, il arrive, quand il s'efforce de démêler les mobiles des actes et les phases des passions, à une extraordinaire pénétration, qui est le résultat de sa connaissance des modèles qu'il a pris, et de son application à rester dans le domaine du naturel et de l'explicable. Sa science des causes qui produisent les grands traits du caractère est merveilleuse, comme le montrent les antécédents parfaitement calculés d'Emma et de Charles Bovary, la vague adolescence de Frédéric Moreau. Puis ces caractères jetés dans l'existence, soumis à ses heurts et consommant leurs récréations, évoluent au gré des événements et de leur nature, avec toute l'unité et les inconséquences de la vie véritable, tantôt nobles, déçus et victimes comme Mme Bovary, tantôt perpétuant à travers des fortunes diverses leur permanente impuissance comme Frédéric Moreau, tantôt sages et victorieux comme Mme Arnoux. Et dans ces existences, dont les menus faits décèlent perpétuellement en Flaubert une si profonde perception des mobiles, de leur complication, de la dissimulation des plus puissants, de toute la vie inconsciente qui rend chacun différent de ce qu'il se croit et de ce qu'on le croit être, Flaubert est parvenu à distinguer et à rendre le trait le plus difficile : la lente transformation que le temps impose à ceux qu'il détruit. Seul, avec les plus grands des psychologues russes, il saisit les personnes successives qui apparaissent tour à tour au-dehors et au dedans de chaque individu. Que l'on observe combien Mme Bovary est parfaitement, aux premiers chapitres, la jeune femme soucieuse d'intérieur et reconnaissante de l'indépendance que le mariage lui assure; puis l'inquiétude croissante de toute sa personne ardemment vitale, et son chaste amour pour un jeune homme fréquentant sa maison, prélude coutumier des adultères plus consommés. Et combien est nouvelle celle qui se livre avec une grâce presque mûre à son aimé, et comme on la sent, à travers ses cris de jeune maîtresse, la femme de maison, être déjà responsable et dénué d'enfantillages. Puis les épreuves viennent, sa chair se durcit en de plus fermes contours et, par le revirement habituel, il lui faut un plus jeune amant, pour lequel elle est en effet la maitresse, la femme chez qui de despotiques ardeurs précèdent les attitudes maternelles, que coupent encore les coups de folie d'une créature sentant le temps et la joie lui échapper, jusqu'à ce qu'elle consomme virilement un suicide, en femme forte et faite, qui sentit les romances sentimentales des premiers ans se taire sous les rudes atteintes d'une existence sans pitié. On pourrait retracer de même les lentes phases du caractère de Frédéric Moreau et de Mme Arnoux, qui tous deux éprouvent aussi l'humiliation de se sentir transformés par le passage des jours, pétris et malléables au cours des passions et des incidents.

Le souci du vrai et la réussite à le rendre que montrent la psychologie et les descriptions réalistes de Flaubert, le suivent dans ses œuvres d'imagination. Quand cet homme, qu'excède visiblement le spectacle du monde moderne, s'adonne à l'évocation d'époques que son esprit apercevait éclatantes et grandioses, il ne peut dépouiller son réalisme et se sent impérieusement forcé d'étayer sa fantaisie du positif des données archéologiques. Avant d'entreprendre *Salammbô*, il explore le site de Carthage, note le bleu de son ciel et la configuration de son territoire. Puis, remuant les bibliothèques, s'étant assimité le peu que l'on sait sur la métropole punique, incertain encore et connaissant le besoin d'emplifier son recueil de faits, il recourt par surcroît à l'archéologie biblique et sémitique, s'emplit encore la cervelle de tout ce que les littératures classiques contiennent de farouche et de fruste. Pour la *Tentation de saint Antoine*, de même, pas une ligne dans cette série d'hallucinations qui n'eût pu donner lieu à un renvoi en italiques.

« Je suis perdu dans les religions de la Perse, écrit-il dans sa correspondance, je tâche de me faire une idée nette du dieu Hom, ce qui n'est pas facile. J'ai passé tout le mois de juin à étudier le bouddhisme, sur lequel j'avais déjà beaucoup de notes, mais j'ai voulu épuiser la matière autant que possible. Aussi ai-je un petit Bouddha que je crois aimable. »

Et pour l'extravagant final de ce livre :

« Dans la journée, je m'amuse à feuilleter des belluaires du moyen âge ; à chercher dans les « auteurs » ce qu'il y a de plus baroque comme animaux. Je suis au milieu des monstres fantastiques. Quand j'aurai à peu près épuisé la matière, j'irai au Muséum rêvasser devant les monstres réels, et puis les recherches pour le bon saint Antoine seront finies. »

Enfin, M. Maxime du Camp nous dit que pour ce pur conte, la *Légende de saint Julien l'hospitalier*, il a prêté à Flaubert toute une collection de traités de vénerie et d'armurerie. Que l'on rapproche ces lectures de celles qu'il fit pour écrire ***Bouvard et Pécuchet*** ou *l'Éducation*. Le procédé apparaîtra le même. Avant de laisser enfanter son imagination, de prêter à sa puissance verbale de beaux thèmes à phrases magnifiques, Flaubert avait rempli sa mémoire de l'infinité de faits que réclamait son style particulier, disconnexe et concis, et que son réalisme le poussait à rechercher aussi véridiques que peuvent les fournir les livres. Avant d'avoir écrit un paragraphe de ses œuvres épiques ou lyriques, il connaissait d'un Carthaginois, l'habillement, l'armure, la demeure, le luxe, la nourriture ; ses fêtes, ses rites, sa politique, les institutions de sa ville, les alliances, les peuplades ennemies, les hasards de son histoire et la légende de son origine. Et quand il lui fallut, en quelques pages, mettre debout l'ancienne Byzance, Babylone sous Nabuchodonosor, évoquer les dieux et les monstres, il composa en sa cervelle ces visions de données aussi exactes et d'aussi minutieux renseignements que ceux pour les chasses de Julien, et celles-ci que les notes par lesquelles il décrivait un bal chez un banquier ou une noce au village.

Cet art réaliste étayé de faits et d'où l'imagination est presqu'exclue, atteint par là, selon le vœu d'une de ses lettres « à la majesté de la loi et à la précision de la science ». L'œuvre conçue comme l'intégration d'une série de notes prises au cours de la vie ou dans des livres, n'ayant en somme de l'auteur que le choix entre ces faits et la recherche de certaines formes verbales, possède l'inpassible froideur d'une constation et ne décèle des passions de son auteur que de rares accès. Elle est, comme un livre de science, un recueil d'observations, — ou, comme un livre d'histoire, un recueil de traditions, bien différente de tous les romans d'idéalistes que composent une série d'effusions au public à propos de motifs ordinaires ou de faits clairsemés. Masqué par une esthétique qui consiste à montrer de la vie une image et non pas une impression, l'écrivain garde en lui ses opinions et ses haines, ne fournissant qu'à l'analyse de légers mais suffisants indices.

Pessimisme : Il est manifeste pour quiconque conserve l'arrière-goût de ses lectures, que les romans de Flaubert tendent à donner de la vie un sentiment d'amère dérision. Sur la stupidité et la méchanceté de certains êtres, sur l'inconsciente grossièreté d'autres, sur l'injustice ironique de la destinée, sur l'inutilité de tout effort, la muette et formidable insouciance des lois naturelles, Flaubert ne tarit pas en dissimulés sarcasmes. Certans personnages, Homais, mieux encore le formidable Regimbart de l'*Éducation*, exposent toute la platitude humaine, folâtre ou grognonne, en des individuations si complètes qu'elles peuvent être érigées en types. D'autres, pris, semble-t-il, avec une particulière conscience, au plein milieu de l'humanité courante, Charles Bovary, cet être essentiellement médiocre et chez qui une bonté molle ajoute à l'insupportable pesanteur morale, — Jacques Arnoux, plus canaille et plus réjoui, mais non moins irresponsable, béat, et odieux, traduisent tout ce que le type humain social de la moyenne contient de lourde bassesse et de haïssable laisser-aller. Et ces êtres qui présentent à la vie la carapace de leur stupidité, rubiconds et point méchants, oppriment, grâce à d'obcènes accouplements, ces admirables femmes, Mme Bovary, supérieure par la volonté, Mme Arnoux supérieure par les sentiments, qui, avilies ou contenues, subissent le long martyre d'une vie de tous côtés cruellement fermée. Qu'elles se débattent, l'une entre une tourbe de niais et avide de trouver une âme assonante à la sienne, elle prostitue son corps et ses cris à de bas goujas et meurt abandonnée de tous par le fier refus de l'indulgence de celui qui la fit la femme d'un imbécile ; que l'autre, plus intimement malheureuse, froissée sans cesse par le choquant contact d'un rustre, renonçant en un pudique et sage pressentiment, à l'amour probablement chétif d'un jeune homme « de toutes les faiblesses », insultée par les filles, haïe de son enfant, et finissant en une hautaine indulgence par faire à son mari l'aumône de soins délicats, — toutes deux mesurent l'amertume de la vie, hostile aux nobles, et paient la peine de n'être pas telles que ceux qui les coudoient. Et la vie passe sur elles ; de petits incidents ont lieu : la bêtise d'une république succède à la niaiserie d'une royauté ; quelques années de vie de province s'écoulent en vides propos et minces occurences ; des entreprises sont tentées auprès d'elles, réussissent ou échouent sans qu'il leur importe, et dans ce plat chemin qui les conduit et tous à une formidable halte, elles ne sentent intensément que le malheur de songer à leur sort. Car Flaubert interdit de troubler la tristesse du rêve par l'excitation de l'acte. Dans ce curieux livre, *Bouvard et Pécuchet*, qui est comme la nécrologie de toutes les occupations humaines, il s'attache à montrer comment tout effort peut aboutir à quelque échec, et accumulant les insuccès après les tentatives, il proscrit le délassement de toute entreprise. Et si dégoûté de l'action, l'on tente le refuge de la spéculation, voici qu'un autre livre barre le chemin. La *Tentation de saint Antoine* dresse, en une éblouissante procession, la liste formidable de toutes les erreurs humaines, tire le néant des évolutions religieuses, entrechoque les hérésies, compare les philosophies et, finalement, quand d'élimination en élimination on touche à l'agnosticisme panthéiste des modernes, montre l'humanité recommençant le cycle des prières dès que le soleil se lève et l'action la réclame.

Cet effrayant tableau de la vie qui, après en avoir décrit les duretés réelles, évalue à l'inanité de consolations, tracé avec une impassibilité qui le corobore, par une méthode strictement réaliste où des faits ruinent les illusions, n'est point tout entier aussi rigoureusement hautain. Il semble qu'à la fin de sa vie, le pessimisme de Flaubert se soit pénétré de douceur. Dans les deux premiers des *Trois Contes*, dont l'un, *Un cœur simple*, décrit l'humble vie de sacrifices d'une servante, et l'autre, la *Légende de saint Julien l'hospitalier* raconte la dure destinée d'un innocent parricide, l'écrivain paraît compatir aux maux qu'il montre, et peut-être est-il juste de croire qu'aux abords de la vieillesse, Flaubert a senti qu'il ne convenait pas de séparer la cause des grands de celle des petits, qui, victimes autant que bourreaux, prennent sans doute leur part des souffrances qu'ils contribuent à aigrir.

La beauté : De quelque façon qu'il envisageât la vie, compatissant ou sardonique, Flaubert la détestait. « Peindre des bourgeois modernes écrit-il, me pue étrangement au nez ». Aussi quitte-t-il, sans cesse, la réalité que l'acuité de ses sens et les besoins de son erprit le forçaient sans cesse aussi à apercevoir, et s'essaie-t-il à se créer un monde plus enthousiasmant, en abstrayant et en résumant du vrai ses élément épars d'énergie et de beauté sensuelle. Soit par l'harmonie de phrases supérieures à leur sens, soit dans la grandeur d'âmes douloureusement séparées du commun, soit dans l'évocation d'époque mortes et sublimées dans son esprit en leur seule splendeur et leur seule horreur, il sut s'éloigner de ce qui existe imparfaitement.

Sans cesse, dans les plus vulgaires pages, la beauté de l'expression conçue en termes nets, simplement liés, semble proférer une note lyrique plus haute que les choses dites. La phrase s'ébranle, décrit son orbe et s'arrête, avec la force précise d'un rouage de machine, et sans plus de souci, semble-t-il, de la besogne à accomplir. Qu'il s'agisse de rendre la strophe que prononce Apollonius de Thyane, suspendu immaculé sur l'abîme, ou les simples incidents du séjour d'une provinciale dans un Trouville-préhistorique, les mots se déroulent parfois avec la même grandiloquence, et bondissent au même essor. L'enfant niais et veule qui fut Charles Bovary, se trouve par le hasard d'une période doué d'une forte existence de vagabond des champs et finit par commettre des actes dits en termes héroïques ! « Il suivait les laboureurs et chassait à coups de mottes de terre les corbeaux qui s'envolaient. » Et même Homais, l'homme au bonnet grec, dans une colère pédante contre son apprenti, en vient à être désigné par une réflexion ainsi conçue : « Car, il se trouvait dans une de ces crises où l'âme entière montre indistinctement ce qu'elle renferme, comme l'Océan qui dans les tempêtes s'entrouve depuis les fucus de son rivage jusqu'au sable de ses abîmes. »

D'autres échappatoires sont plus légitimes et moins caractéristiques. Flaubert use le premier du procédé naturaliste qui consiste à compenser la médiocrité des âmes analysées par la beauté des descriptions où l'auteur, intervenant tout à coup, prête à ses plus pièlres créatures des sens de nerveux artistes. Félicité, la simple bonne de Mme Aubain, porte au catéchisme où elle accompagne la fille de sa maitresse, une sensibilité délicate et tactile, jusqu'à de pareilles élévations :

« Elle avait peine à imaginer sa personne ; il n'était pas seulement oiseau mais encore un feu et d'autres fois un souffle, c'est peut-être sa lumière qui voltige la nuit, au bord des marécages, son haleine qui pousse les nuées, sa voix qui rend les cloches harmonieuses ; et elle demeurait dans une adoration, jouissant de la fraîcheur des murs et de la tranquillité de l'église. »

En s'accoutumant à rendre le dialogue en style indirect, Flaubert se débarrasse encore de la nécessité des modernistes, forcés de hacher leur phrase à la mesure de paroles lâchées. Enfin placé devant les scènes où le mènent ses romans, Flaubert quitte tout à coup l'exacte réalité et s'abandonne à l'admiration du spectacle. Les Champ-Élysées dans *l'Éducation*, le jardin d'un café-concert, où à un certain instant, dans les bosquets, « le souffle du vent ressemblait au bruit des ondes », le bal chez Rosanette, la forêt de Fontainebleau, présentent d'admirables pages. Dans *Madame Bovary*, le séjour au château de la Vaubyessard, avec ses minuties d'élégance, la forêt où l'héroïne consomme son premier adultère, le tableau de l'agonie et de l'Extrême-Onction, jettent des éclats entre le restant d'ombre.

Enfin Flaubert satisfait son amour de l'énergie et de la beauté en concevant les admirables femmes de ses romans, pâles, noires, fines et tristes, Mme Bovary et Mme Arnoux. Dès qu'il parle de l'une d'elles, son style s'adoucit, chatoie et chante. Il doue Mme Bovary de toute la séduction d'une âme acérée dans un corps souple, élancé et blanc. Les fantasmagories de son imagination insatisfaite, les sourds élans de son âme vers des bonheurs plus profonds, les gouttes de joie qu'elle parvient à exprimer de la sécheresse de sa vie, culminent en cette scène d'amour où l'ineffable est presque dit :

« La lune toute ronde et couleur de pourpre se levait à ras de terre au fond de la prairie. Elle montait vite entre les branches des peupliers qui la cachaient de place en place comme un rideau noir, troué. Puis elle parut éclatante de blancheur, dans le ciel vide qu'elle éclairait, et alors se ralentissant, elle laissa tomber sur la rivière une grande tache qui faisait une infinité d'étoiles ; et cette lueur d'argent semblait s'y tordre jusqu'au fond, à la manière d'un serpent sans tête couvert d'écailles lumineuses. Cela ressemblait à quelque monstrueux candélabre d'où ruissselaient tout du long, des gouttes de diamant en fusion. La nuit douce s'étalait autour d'eux; des nappes d'ombre emplissaient les feuillages, Emma, les yeux demi-clos, aspirait avec de grands soupirs le vent frais qui soufflait. Ils ne se parlaient pas trop, perdus qu'ils étaient dans l'envahissement de leur rêverie. La tendresse des anciens jours leur revenait au cœur, abondante et silencieuse, comme la rivière qui coulait, avec autant de noblesse qu'en apportait le parfum des syringas, et projetait dans leurs souvenirs des ombres plus démesurées et plus mélancoliques que celles des saules immobiles qui s'allongeaient sur l'herbe. Souvent quelque bête nocturne, hérisson ou belette, se mettant en chasse, dérangeait les feuilles, ou bien on entendait par moments une pêche mûre qui tombait toute seule de l'espalier. »

Et cette passion déçue, la cruelle corruption de Mme Bovary, la flamme intense de ses prunelles et le pli hardi de sa lèvre, son existence de hasard, le coup de folie de sa luxure, et enfin pourchassée, outragée, et rageuse, cette agonie par laquelle elle s'acquitte de toutes ses hontes, quelle violente évasion, en toutes ces scènes, hors le banal de la vie!

Mme Arnoux est plus idéalement belle encore. Avec ses lisses bandeaux noirs sur sa douce face mate, une fleur rouge dans les cheveux, lente, surprise et pure, elle inspire à Flaubert ses plus charmantes pages. Son apparition dans le salon de la rue de Choiseul, avec son « air de bonté délicate » ; puis à la campagne où Frédéric échange avec elle les premiers mots intimes, plus tard la scène d'intérieur où il la trouva instruisant ses enfants : « ses petites mains semblaient faites pour répandre des aumônes puis essuyer des pleurs, et sa voix un peu sourde naturellement avait des intonations caressantes et comme des légèretés de brise.» ; — la visite qui lui est rendue dans une fabrique, et cette conversation où la beauté s'élève au mystère et à l'auguste :

« Le feu dans la cheminée ne brûlait plus, Mme Arnoux sans bouger restait les deux mains sur les bras de son fauteuil ; les pattes de son bonnet tombaient comme les bandelettes d'un sphinx ; son profil pur se découpait en pâleur au milieu de l'ombre.

« Il avait envie de se jeter à ses genoux. Un craquement se fit dans le couloir ; il n'osa.

« Il était empêché d'ailleurs par une sorte de crainte religieuse. Cette robe se confondant avec les ténèbres lui paraissait démesurée, infinie, insoulevable... »

— Une rencontre dans la rue, le revirement mystérieux où elle s'avoue « en une désertion immense » aimer Frédéric, puis l'entrevue capitale dans le magasin de porcelaine de son mari et les lèvres de son amant touchant ses magnifiques paupières ; — enfin ce centre de tout le livre, l'idylle d'Auteuil, et les longue visites souffreteuses :

« Presque toujours, ils se tenaient en plein air au haut de l'escalier, et des cîmes d'arbre jaunies par l'automne se mamelonnaient devant eux, jusqu'au bord du ciel pâle, ou bien ils allaient au bout de l'avenue dans un pavillon ayant pour tout meuble un canapé de toile grise. Des points noirs tachaient la glace ; les murailles exhalaient une odeur de moisi, — et ils restaient là, causant d'eux-mêmes, des autres, de n'importe quoi, avec un ravissement pareil. Quelquefois les rayons du soleil, traversant la jalousie, tendaient, depuis le plafond jusque sur les dalles, comme les cordes d'une lyre. Des brins de poussière tourbillonnaient dans ces barres lumineuses. Elle s'amusait à les fendre, avec la main ; — Frédéric la saisissait doucement ; et il contemplait l'entrelac de ses veines, les grains de sa peau, la forme de ses ongles. Chacun de ses doigts était pour lui plus qu'une chose, presqu'une personne... Il l'appelait Marie, adorant ce nom là fait exprès, disait-il, pour être soupiré dans l'extase et qui semblait contenir des nuages d'encens, des penchées de roses. »

D'aussi belles pages marquent encore la sensualité contenue de ces deux êtres mûrs pour l'amour, et exacerbant leurs nerfs malades; la promesse de son corps accordée et ce sacrifice empêché par la maladie de son fils tandis que dehors l'émeute se déchaîne, — puis la séparation des deux amants, jusqu'à cette scène effroyablement aigüe où Frédéric, se trouvant un soir chez elle pâle et en larmes, est emmené par sa maîtresse, tandis que les rires délirants de Mme Arnoux sonnent dans l'escalier, et en trouent l'ombre ; la ruine de cette femme, cette chose intime et presque obscène, la vente de ses effets : enfin cette suprême et dure entrevue, où éclairée tout à coup par la lampe, elle montre à son amant vieilli, et travaillé de concupiscences, la froideur pure sur ses doux yeux noirs, de ses cheveux désormais blancs, dont, déroulés, elle taille une mèche, « brutalement à la racine »...

Par ce type de femme de la grâce la plus haute, Flaubert se compensait de toutes les brutes que son souci de la vérité le forçait à peindre. Mais le prodige qu'il lui fallait accomplir pour imposer au réel ce reflet de beauté, le visible effort avec lequel ses phrases plus grandes s'élèvent au-dessus des paragraphes qu'elles ornent, l'âcre dégoût sans doute mêlé d'ironie, de devoir ensuite se remettre à noter en mots impassibles les turpitudes d'une foule de niais, tout le supplice volontaire d'un artiste s'astreignant à une besogne vengeresse mais répugnante, faisaient se détourner Flaubert avec joie du roman, écrire après *Madame Bovary*, l'épopée de *Salammbô*, refaire après l'*Éducation* ce poème mi-didactique, mi-fantastique, la *Tentation*, et préluder par la *Légende* et *Hérodias* à son entreprise la plus abêtissante de toutes, *Bouvard et Pécuchet*.

L'on entre par ces livres épiques dans la région de la pure beauté. La phrase non plus réduite à une élégante armature dans laquelle s'enchâssent n'importe quels mots bas, ordonne des vocables sonores, colorés et beaux, les rythme en retentissantes cadences, développe de nobles visions, splendides, grandioses ou d'une haute horreur. Des hommes gigantesques et primitifs, à l'âme concise et puisant dans cette rétraction de leur être une formidable énergie, accomplissent ou subissent d'effroyables forfaits. Leurs actes se déploient en étincelants décors où se fige la splendeur des ors, des porphyres, des pourpres, des airains, et que lavent parfois de larges ruisseaux de sang. Et parmi ces architectures, entre l'embrasement des catastrophes, sous les yeux droits et mâles, d'étranges femmes passent. Elles sont menues, graves, soumises, et comme dormantes. Tantôt sortant du temple, elles supplient, cambrées, au haut de leur palais, les astres qui tressaillent au frémissement de leurs lèvres ; tantôt elles prennent de leur corps anxieux de pureté, des soins inouïs, le macérant de parfums, l'enduisant d'onguents, le frôlant de soies, au point que la jouissance de leur lit promet une joie delictueuse et mortelle.

Sous les platanes, dans un jardin diapré de lis et de roses, les mercenaires célébrant leur festin ; la lente apparition de Salammbô descendue les apaiser, à la fois peureuse et divine, l'expédition nocturne de Mathô et Spendius dans le temple de Tanit, l'horreur de ces voûtes et le charme du passage du chef par la chambre alanguie où Salammbô dort entre la délicatesse des choses ; le retour d'Hamilcar, son recueillement dans la maison du Suffète-de-la-Mer ; Salammbô partant racheter de son corps le voile de la déesse, son accoutrement d'idole et ses râles mesurés, quand le chef des barbares rompt la chaînette de ses pieds ; puis le siège énorme de Carthage, la foule des peuplades accourues, l'écrasement des cadavres, l'horreur des blessures, et sur ce carnage rouge, l'implacable resplendissement de Moloch ; l'agonie de toute une ville, puis par un revers l'agonie de toute une armée, les dernières batailles, et, entre celles-ci, l'entrevue si curieusement mièvre et grave, où Salammbô voilée et parlant à peine reçoit le prince son fiancé en un jardin peu fleuri que passent des biches traînant à leurs sabots pointus, des plumes de paons éparses ; enfin le supplice de Mathô et les joies nuptiales, mêlant des chocs de verres et des odeurs de mets au déchirement d'un homme par un peuple, jusqu'à ce qu'aux yeux de Salammbô défaillante en l'agitation secrète de ses sens, Schahabarim arrache au supplicié son cœur et le tende tout rouge au rouge soleil, final tonnant dans lequel se mêlent le beau, l'horrible, le mystérieux et l'effréné en un suprême éclat.

Et il est dans la *Tentation* de plus belles scènes encore et de plus magnifiques paroles. L'étrange et bas palais de Constantin précède le festin farouche de Nabuchodonosor ; l'apparition de la reine de Saba galante et vieillote en son charme de chèvre ; dans le temple des hérésiarques la beauté flétrie, monacale et livide des femmes montanistes, le culte horrible des ophites, conduisent à l'évocation d'Apollonius de Thyane qu'un charme maintient suspendu sur l'abîme, planant et montant en sa noble robe de thaumaturge ; le défilé des théogonies et sur la frise qu'a formée le pullulement des dieux brahmaniques, le Bouddha apparaissant assis, la tête ceinte d'un halo et sa large main levée ; le catafalque des adonisiennes, Aphrodite, puis l'immortel dialogue de la luxure et de la mort où les mots sont tantôt liquides de beauté, tantôt lourds de tristesse ; et ces dernières pages où tous les monstres se dégagent et se confondent en un protoplasme qui est la vie même, — quelle grandiose suite d'épisodes, dont chacun figure une plus charmante ou rayonnante ou tragique beauté. Et que l'on joigne à ces grandes œuvres certaines pages de l'*Hérodias*, les imprécations de Jeochanann, la scène gracieuse où Salomé, nue et cachée par un rideau, étend dans la chambre du tétrarque son bras ramant l'air pour saisir une tunique ; enfin cette *Légende de saint Julien* qui contient les plus divines pages en prose de ce siècle, la vie pure et fière du château, les combats et les hasards de Julien fuyant son destin de parricide, les lieux luxurieux où il se marie, son crime, sa rigueur, sa transfiguration finale ; — certes pas même chez les grands poètes de ce temps et d'autres on ne trouve un pareil ensemble de scènes aussi purement belles et hautes flattant l'oreille, les sens, l'esprit et toute l'âme, au point que certaines pages entrent par les yeux comme une caresse, se délayant dans tout le corps, et le font frissonner d'aise comme une brise et comme une onde. Par ces dernières œuvres, Flaubert restera l'artiste de ces temps qui sut assembler les mille éléments épars de beauté matérielle et sensible, en de plus ravissants ensembles.

Le mystère, le symbolisme : Cet artiste explicite et précis qui excelle à montrer la beauté sans voile par des phrases qui l'expriment toute, sait aussi, dans des occasions plus rares mais marquantes, susciter la délicieuse émotion qui résulte de la réticence, de la prétérition du mystère suggéré, sait avec un art profond et charmant s'arrêter au bord des images et des pensées auxquelles la parole est trop pesante. Certaines émotions à peine senties des entrevues dernières de Mᵐᵉ Arnoux et de Frédéric, sont voilées sous des mots à demi-révélateurs et discrets qui ne laissent entrevoir les complications intimes d'âmes tristement généreuses, qu'à quelques initiés. Et l'émoi mystique de la prêtresse phénicienne s'efforçant sous les symboles des dieux et les mythes des théogonies de saisir l'essence de l'être et la signification de ses sourdes ardeurs, puis Hamilcar dans le silence diurne de la maison du Suffète-de-la-Mer, se prosternant sur le sol gazé de sable, et adorant silencieusement les Abaddirs, sous la lumière « effrayante et pacifique » du soleil, qui passe étrange par les feuilles de lattier noir des baies, — d'autres scènes ou lunaires ou souterraines, sont décrites en phrases obscures, distantes, qui parlent à certains esprits une langue comme oubliée mais comprise, et suscitant dans les limbes de l'âme des émotions muettes. La *Tentation de saint Antoine* à son début, les voix qui susurrent aux oreilles de l'ascète des phrases insidieuses de crépuscule, les images qui passent sous ses yeux, continues et disconnexes, ont l'illogisme du rêve et l'appréhension de l'inconnu ; les visions se suivent et se lient imprévues ; des communions subites ont lieu :

« Elle sanglotte, la tête appuyée contre une colonne, les cheveux pendants, le corps affaissé dans une longue simarre brune.

« Puis ils se trouvent l'un près de l'autre loin de la foule, — et un silence, un apaisement extraordinaire s'est fait, comme dans le bois quand le vent s'arrête et que les feuilles tout à coup ne remuent plus. »

« Cette femme est très belle, flétrie pourtant et d'une pâleur de sépulcre. Ils se regardent, et leurs yeux s'envoient comme un flot de pensées, mille choses anciennes, confuses et profondes..... »

D'autres scènes, l'apparition d'Hélène Ennoia, le culte des Ophites, se passent en demi-ténèbres, et apparaissent vagues et passagères comme des songes, persuasives comme des hallucinations. Que l'on se rappelle encore les chasses fantastiques de Julien, et surtout cette expédition où, quittant le lit nuptial, il parcourt une forêt enchantée dont les bêtes indestructibles le frôlent, et d'autres, qu'il abat, s'émiettent pourries dans ses mains, — puis l'immense horreur des lieux glacés, dont l'hostilité expie son crime involontaire ; Flaubert paraîtra posséder le sens des choses à peine perçues, des sentiments naissants et balbutiants, que le mot, clair exposant de l'idée précise, peut rendre seulement par la suggestion, de mystérieuses analogies ou d'indirects symboles.

Le symbolisme des discours de Schahabarim et des hymnes de Salammbô est au fond de l'œuvre de Flaubert. Détestant la réalité de toute la haine d'un idéaliste qui se trouve contraint de la voir, il s'est enfui du monde moderne en un monde antique embelli ; et non content de cette évasion vers le splendide, il a sans cesse tendu et parfois réussi à échapper radicalement au réel, en substituant aux individus les types, à un récit de faits particuliers, un récit de faits allégoriques.

Comme M. de Maupassant le dit dans sa préface aux lettres de Flaubert à George Sand, même les romans, *Madame Bovary*, l'*Éducation*, bien que réalistes, pleins d'actes et de lieux précis, ont pour personnages principaux des êtres si parfaitement choisis entre une foule de similaires, qu'ils représentent une classe, ou une espèce plutôt qu'un individu. Madame Bovary est par certains côtés la femme, et Homais reste comme l'exemple grotesque de toute une catégorie sociale.

Dans l'*Éducation*, plus réaliste par le milieu et par le faire, les jeunes gens Moreau, Deslauriers, Martinon, sont les types l'un d'une énergie trop tourmentée, l'autre d'une faiblesse minée de folles et vaines aspirations, le troisième de la grossièreté heureuse et finaude, interprétation que confirme la portée générale du titre de toute l'œuvre. Passant sur *Salammbô* dont le sens est simplement d'être belle, dans la *Tentation* une fantaisie plus libre permet une histoire plus significative.

Dans ce livre, qui est l'œuvre suprême du style, des procédés fragmentaires, de la science historique, de l'amour du beau, de la philosophie de Flaubert, celui-ci a signifié toutes les passions, les cultes et les spéculations de l'humanité. L'ascète est l'homme privé et assiégé de satisfactions charnelles ; les amorosités faciles de la reine de Saba le sollicitent; la magie, de celle des brahmanes à celle des Alexandrins tentent sa soif de pouvoir; il passe, n'adhérant définitivement à aucune, par toutes les religions et les hérésies; la méthaphysique lui propose ses antinomies irrésolues, et il hésite de désespoir, à s'abîmer dans la luxure ou à s'anéantir dans la mort ; mais sa curiosité le fait encore balancer entre le mystère du sphinx et les fables de la chimère qui l'entraîne à travers les mythes et les ébauches de la création, à l'intuition de ces germes de vie qui la contiennent toute; il l'adore pour se relever et se remettre par la prière dans le cycle des cultes, quand le soleil le rappelle de la spéculation nocturne à l'action diurne.

Dans ce livre, dans *Bouvard et Pécuchet* qui en est l'analogue, plus ironique et moins profond, Flaubert tente par une synthèse générale, en dehors de toute intrigue et de toute psychologie, de représenter l'histoire du développement de l'esprit humain, de son insatiable inquiétude, sans cesse assaillie de solutions, de systèmes, de révélations qu'il adopte, qu'il subit et qu'il abandonne en une révolution que le scepticisme de l'écrivain le portait à concevoir circulaire. Que l'on prenne le niais anachorète de la Thébaïde ou les deux bonshommes de Chavignolles, ces êtres bornés, crédules, dociles et étonnés sont bien les représentants de la dupe qu'il y a en tout homme. L'impérissable myope, toujours zélé de croire les images confuses et partielles qu'il aperçoit, alternant toute affirmation d'une autre, adhérant à la vérité actuelle et oubliant constamment que l'ancienne fut vérité aussi, protégé par ces continuels mirages contre la glaçante notion de l'inconnaissable dans la science et de l'inutile dans les actes, parvient à vivre presque tranquille et presque heureux, en une existence de rêve et de paix.

C'est dans cette idée narquoise et amère, qu'est le fond de la philosophie de Flaubert, la morale de ses romans et la signification de ses poèmes. Dans la *Tentation* il s'est élevé à l'intuition pure de cette idée spéculative et la propose aux regards avec la moindre somme d'éléments connexes, mais non sans que ceux-ci interviennent. La suite des visions n'est pas clairement symbolique; chacune d'elles est non de fantaisie, mais extraite de livres et condense en quelques lignes tout un ordre de renseignements positifs; enfin elles sont choisies aussi pour leur beauté et leur mystère; à tel point que l'on peut tour à tour considérer la *Tenta-*

tion soit comme un poème didactique, soit comme un tableau des époques antiques jusqu'au bas-empire, soit comme un admirable et précieux ballet où se mêlent la fantaisie et les magnificences.

En cette œuvre se reflète toute l'âme de Flaubert, cet esprit contradictoire et déchiré, que le réel sollicitait et repoussait, que la beauté attirait mais qui ne parvint à l'imaginer qu'antique et documentaire, qui sentit la séduction du mystère et fut le plus explicite des stylistes, qui conçut la synthèse du particulier dans le général et cependant disséqua des âmes particulières, écrivit en phrases analytiques et discrètes, et s'abstint de toute généralisation. Dans ces alliances adverses, dans ces idéaux contradictoires, semble résider le génie, l'originalité, le caractère, l'indice psychologique particulier de Flaubert, qui n'eut dans toute sa carrière, que cette chose chez lui primordiale et terme commun, le style.

III

LES CAUSES

Résumé des faits : — Après avoir fait l'analyse du vocabulaire, de la syntaxe, de la métrique, de la composition de Flaubert, nous avons énuméré ses procédés de description et de psychologie qui se réduisent à ceux du réalisme, — les caractères généraux de son art, qui sont la concision, la contention, et, résultat saillant général, le statisme. Les impressions principales que nous parurent produire les œuvres ainsi édifiées, furent la vérité, la beauté, le mystère, le symbolisme, effets que coordonne en série un pessimisme violent ou ironique. Il faut ajouter à ses renseignements isotériques sur Flaubert ceux que fournissent la connaissance de sa méthode de travail, la lenteur et la difficulté de sa rédaction, son effort constant, une fois le plan général arrêté et les notes recueillies, pour achever chaque phrase, chaque paragraphe, chaque page avant de passer à la suite.

Ces données mettent en présence deux séries de faits contradictoires ; d'une part, l'amour des mots précis, des phrases autonomes et statiques, des descriptions exactes, de la psychologie analytique, l'abondance des faits dans la contexture de l'œuvre, le recours constant à l'observation et à l'érudition, l'impression de vérité que donnent les livres de Flaubert ; d'autre part, son excellence à rendre la beauté pure, le mystère, le général, sa haine et sa souffrance du réel, ses échappées vers le roman historique et vers l'allégorie, la splendeur de son style, l'harmonie de ses périodes, la magnificence diffuse ou précise de ses mots. Les *Souvenirs* de M. Maxime Ducamp attestent la perpétuelle oscillation de Flaubert entre le roman réaliste et des œuvres plus idéales. Enfin certains passages de ses lettres indiquent à la fois l'une et l'autre de ces tendances, la conscience qu'eut Flaubert de leur coexistence, et la solution probable de cet antagonisme.

Voici qui montre son obséquiosité et son impersonnalité devant la nature :

« Je me suis mal exprimé en vous disant qu'il ne fallait pas écrire avec son cœur ; j'ai voulu dire, ne pas mettre sa personnalité en scène. Je crois que le grand art est scientifique et impersonnel. Il faut par un effort d'esprit se transporter dans les personnages et non les attirer à soi. (*Lettres de Flaubert, à George Sand*, éd. Charpentier, p. 41.)

« Quelle forme faut-il prendre pour exprimer parfois son opinion sur les choses de ce monde sans risquer de passer plus tard pour un imbécile ? Cela est un rude problème. Il me semble que le mieux est de les peindre tout bonnement, ces choses qui nous exaspèrent ; disséquer est une vengeance (*Ib*. p. 47.)

« Je me borne donc à exposer les choses telles qu'elles m'apparaissent, à exprimer ce qui me semble le vrai. Tant pis pour les conséquences ; riches ou pauvres, vainqueurs ou vaincus, je n'admets rien de tout cela. Je ne veux avoir ni amour, ni haine, ni pitié, ni colère. Quant à de la sympathie, c'est différent : jamais on en a assez... Est-ce qu'il n'est pas temps de faire entrer la justice dans l'art ? » (*Ib*. p. 283.)

Voici pour la tendance contraire : « Peindre des bourgeois modernes et français, me pue au nez étrangement (*ib*. p. 41). Ceux que je vois souvent et que vous désignez, recherchent tout ce que je méprise et s'inquiètent médiocrement de ce qui me tourmente. Je regarde comme très secondaire le détail technique, le renseignement local, enfin le côté historique et exact des choses. Je recherche par dessus tout la *beauté*, dont.

mes compagnons sont médiocrement en quête. »
(*Ib.* p. 274.)

Ce passage-ci constate la contradiction de ses penchants : « Je suis comme M. Prudhomme qui trouve que la plus belle église serait celle qui aurait à la fois la flèche de Strasbourg, la colonnade de Saint-Pierre, le portique du Parthénon, etc. J'ai des idéaux contradictoires ; de là embarras, arrêt, impuissance. » (*Ib.* p. 72.)

Et voici qui met sur la voie de la cause de cette opposition : « Je ne sais plus comment il faut s'y prendre pour écrire, et j'arrive à exprimer la centième partie de mes idées après des tâtonnements infinis. » (*Ib.* p. 17.) Ce souci de la beauté extérieure que vous me reprochez est pour moi une *méthode*. Quand je découvre une mauvaise assonance ou une répétition dans une de mes phrases, je suis sûr que je patauge dans le faux ; à force de chercher, je trouve l'expression juste qui était la seule et qui est, en même temps, l'harmonieuse. » (*Ib.* p. 279.) Ainsi pourquoi y a-t-il un rapport nécessaire entre le mot juste et le mot musical ? Pourquoi arrive-t-on toujours à faire un vers, quand on resserre trop sa pensée ? La loi des nombres gouverne donc les sentiments et les images, et ce qui paraît être l'extérieur est tout bonnement le dedans ? » (*Ib.* p. 283.)

Analyses des faits ; causes. — Ces derniers

passages sont extrêmement significatifs ; ils semblent indiquer en Flaubert le sentiment qu'entre ses idées et la phrase particulière dont il veut les revêtir une lutte existe, dans laquelle la forme l'emporte sur le fond et exclut celles des pensées qu'elle ne peut figurer. Que l'on rapproche de cette réflexion, le désaccord fréquent noté plus haut entre l'expression et l'exprimé, notamment dans les réalistes où les mots sont sans cesse au-dessus des choses ; enfin que l'on tienne compte de ce fait extraordinaire que Flaubert a écrit les œuvres les plus diverses avec le même style, que sa *Lettre à la municipalité de Rouen* est conçue comme le discours de Hanon dans le temple de Moloch, que Frédéric Moreau parle de Mme Arnoux comme saint Antoine d'Ammonaria ; il paraîtra évident qu'en Flaubert, au-dessus de la division fondamentale de son esprit également sollicité par le beau et par le réel, une tendance supérieure et unique existait, celle d'assembler en une certaine forme de phrase, certaines catégories de mots.

Cette aptitude et ce penchant verbaux sont permanents, antécédents, fondamentaux. Car dans les caractères mêmes de la syntaxe et du vocabulaire de Flaubert, sont incluses les contradictions plus générales que développe son œuvre.

Son amour du mot précis et définitif, — c'est-à-dire tel qu'il enserrât une catégorie bornée d'images et celle-ci seulement, — dut diriger son esprit à l'intuition des choses individuelles, l'éloigner de toute généralisation abstraite.

Son amour des beaux mots, — c'est-à-dire tels qu'ils soient sonores, ou éveillent dans l'esprit des images exaltantes, — le détermina à sentir et à vouloir exprimer le grandiose, le magnifique, l'harmonieux, à qualifier en termes enthousiastes des choses en soi minimes; par ces mots, il échappe encore à l'abstraction, et évite de plus la sécheresse de l'analyse psychologique qu'il transpose en éclatantes descriptions. Le conflit entre cette tendance verbale et la précédente détermine son pessimisme; le triomphe de cette tendance sur la précédente, un symbolisme.

Son amour des mots indéfinis, — c'est-à-dire tels qu'ils provoquent dans l'esprit non une image, mais la sourde tendance à en former une et le vif sentiment d'effort et d'élation qui accompagne toute tendance intellectuelle confuse, — le porta aux sujets où il pouvait le satisfaire, aux époques lointaines et vagues, aux mouvements intimes de l'âme féminine, aux scènes lunaires et aux théogonies mortes. Enfin sa façon de joindre ces sortes de mots déterminèrent les autres caractères de son art.

Sa tendance à écrire en phrases statiques, c'est-à-dire qui soient complètes, explicites et indépendantes du contexte, — lui imposa la nécessité d'enclore un fait ou plusieurs en chaque période. Par là le nombre de ces faits dut être énormément multiplié. S'abstenant de toute répétition, de tout développement, il lui fallut des actes, des choses, des détails; il dut être en roman moderne un réaliste, et en roman historique, l'érudit qu'il fut. La difficulté de bien faire cette sorte de phrase, la peine qu'elle lui donnait proscrivant toute prolixité, le fit condenser ses descriptions et ses analyses, en leurs points les plus significatifs, rendit son style tendu et stable. L'énorme tension intellectuelle qu'exigeait cette sorte de phrase, le fit concentrer en elle, en sa facture et en sa disposition rhythmique, la plupart de ses forces, et le rendit moins attentif à la composition générale. Enfin, les rares passages de passion et de poésie pure qui éclatent çà et là dans son œuvre et que la forme statique ne saurait expliquer, procèdent de son autre type de phrase, le périodique, que nous avons vu alterner avec son style habituel.

Cette réduction de tout un développement intellectuel, en l'ascendant de quelques formes verbales, la contradiction entre les facultés d'un esprit expliqué, par la contradiction entre les diverses parties d'un système de style, c'est, dans l'investigation du mécanisme intellectuel de Flaubert, passer de la psychologie à la théorie du langage. En fonction de cette science, il existait dans l'intelligence de Flaubert d'une part une série de données des sens et une série de mots qui s'accordaient avec elles et les exprimaient naturellement; de l'autre, une série de formes verbales acquises et développées, auxquelles correspondaient non des données sensorielles, mais de simples prolongements idéaux et qui tendaient pourtant comme les autres vocables, à être articulées.

Quand l'œil de Flaubert était braqué sur la réalité, les détails importants des choses et des hommes fidèlement enregistrés trouvaient dans le vocabulaire de l'écrivain une série de mots exactement adaptés, qui les rendaient d'une façon précise et du premier coup, en phrases telles que chacune enveloppant l'idée à exprimer, entière, il ne fût nul besoin d'y revenir. C'est ce que nous avons appelé le style statique précis, et il n'y a là rien d'anormal, mais simplement la perfection du langage usuel. Quand Flaubert dit à la première phrase de *Madame Bovary :* « Nous étions à l'étude quand le proviseur entra suivi d'un nouveau, habillé en bourgeois, et d'un garçon de classe qui portait un grand pupitre,... »

il dit simplement, en le moins de mots nécessaires, et en des mots simplement justes, un fait dont son imagination contenait l'image. Et cette sobre exactitude est la moitié de son art et de son style.

Mais une autre faculté existait dans son esprit, et provoquait d'autres désirs. Par une cause inconnue, probablement en partie par suite de lectures exclusivement romantiques, Flaubert possédait un grand nombre de mots beaux, harmonieux, vagues, exprimant de la réalité certaines abstractions faites pour plaire plus que les choses, aux sens et à l'esprit humains. Il s'était empli l'oreille de cadences sonores, l'intelligence d'images démesurées, d'adjectifs exaltés et amples, de rutilantes visions verbales. Or nul ne peut emmagasiner en soi une aptitude qui ne se transforme en désir et en acte. Cette force de son intelligence purement vocabulaire, et à laquelle ses sens restés normaux et actifs n'apportaient qu'un contingent d'images ou défectueuses, ou hostiles, jamais animatrices, — ne pouvant s'employer à la description de la réalité, ou la faussant quand elle s'y adonnait, le contraignit, par une échappatoire et par un compromis, à faire un livre d'archéologie, où tous les faits sont exacts, mais où tous les faits ne se trouvent pas, et sont choisis de façon à fournir au plus magnifique style de ce temps, la faculté de se librement déployer. Dans *Salammbô*, dans la *Tentation*, dans deux des *Trois contes* c'est le verbe, le nombre de la période, l'éclat et le mystère des images, qui sont primitifs, et non les incidents ou les scènes évidemment choisis de façon à donner lieu à d'admirables phrases.

Cet art, où les mots précèdent et déterminent obscurément les idées, est anormal. Car il est l'excès et le contraire même de la faculté du langage. Le mot, qui, selon les linguistes allemands (Steinthal, Geiger), est à l'idée ce que le cri est à l'émotion, ne peut constituer l'antécédent de l'idée, que lorsque le langage, énormément développé par des génies verbaux de premier ordre, devient quelque chose que l'on apprend, que l'on emmagasine, et non un mince bagage traditionnel, qu'il faut utiliser et augmenter selon ses besoins. Or que l'on se rappelle que Flaubert vécut au déclin du romantisme, qu'il put absorber et absorba en effet l'énorme vocabulaire du plus grand génie verbal de tous les temps, qu'il admira Hugo avec la ferveur d'un disciple et d'un semblable [1]. Évidemment, l'esprit surchagé par ces

---

[1] Cette assertion dut rester à l'état de simple hypothèse. Pensant que des acquisitions verbales, faites en état de somnan-

acquisitions, il ne put se borner à étudier et à décrire la vie moderne pour laquelle le vocabulaire lyrique du grand poète n'est point fait, est trop riche et reste en partie sans emploi. Il lui fallut Carthage, les hymnes à Tanit, les lions crucifiés, les temples, le désert, le siège, les somptuosités barbares d'une époque, que, lointaine, il put se figurer grandiose. Et ce besoin le poursuivit toute sa vie, l'arrachant sans cesse au roman moderne qui ne représentait de

bulisme, seraient l'analogue du souvenir inconscient que Flaubert pouvait garder de ses lectures, nous avons prié M. le D^r Ch. Féré, de la Salpêtrière, de nous aider à faire des expériences sur des hypnotiques. Nous avons tenté deux essais : dans le premier, nous avons lu à l'hypnotique somnambule un fragment de la *Tristesse d'Olympio* et de l'*Homme qui rit*. Le sujet se trouvait vaguement influencé à son réveil par le ton de la déclamation et par le sens de l'épisode. Il fut impossible de reconnaître dans son langage des traces de style romantique.

Je remis ensuite à M. Féré trois listes de mots, les uns d'un sens joyeux, les autres d'un sens triste ; la troisième liste se composait de mots abstraits et rares. M. Féré a lu chacune de ces listes au sujet somnambule en répétant les mots plusieurs fois. Au réveil du sujet, aucune des trois listes ne détermina chez lui soit un courant particulier d'idées, soit une modification de langage qui le forçât à exprimer des pensées habituellement étrangères. Il nous a donc été impossible à M. Ferré — auquel j'adresse ici mes remerciements — et à moi, de reconnaître chez les hypnotiques, une modification de l'idéation, par suite d'acquisitions verbales inconscientes.

Ce résultat négatif n'infirme pas, je crois, la théorie exposée plus haut, et tient surtout au complet oubli qui sépare l'état somnambulique de l'état de veille. L'influence des acquisitions verbales sur les idées me semble le seul moyen d'expliquer l'unité des écoles littéraires, surtout de la romantique, l'unité même d'une nation formée d'éléments ethniques divers et notamment l'assimilation rapide des étrangers naturalisés.

ses facultés que quelques-unes, se satisfaisant, s'irritant de nouveau, et croissant sans cesse, de son noviciat artistique à sa mort.

Comme toute tendance anormale, cette phrasiomanie de Flaubert portait en elle des menaces de destruction. Se bornant de plus en plus à élaborer réitérément la sorte de période qui l'enthousiasmait, frappant perpétuellement comme un balancier la même médaille, et la jetant d'un mouvement continu à côté de celle précédemment issue du coin, Flaubert perdit le sentiment et la faculté de la liaison, associa en livres presque diffus de lâches chapitres, et ne sut maintenir la cohésion et le mouvement de sa pensée au-delà de brefs paragraphes. Cette disposition latente, contenue, réduite encore à une faible intensité et coercible par d'autres, constitue visiblement la première phase de l'incohérence des maniaques, et n'en diffère que quantitativement, comme se distinguent toujours les fonctions anormales chez les « géniaux », de celles chez leurs congénères névropathes. Que l'on compare en effet ce passage d'une lettre d'un aliéné, citée par Morel, *Traité des maladies mentales* (p. 430) :

« Lorsque le choléra a éclaté, j'avais une bosse froide dans le cerveau ; le miasme cholérique est très irritant, j'ai eu par conséquent le choléra cérébral. Étant à l'asile, j'ai eu l'intelligence de ce qui m'est arrivé. Mes accès antérieurs ont eu lieu par violations exercées sur ma personne; mais le bras de Dieu s'est appesanti d'une manière effrayante sur ceux qui ne sont pas revenus à lui... etc. »

Que l'on fasse abstraction de l'absurdité des idées et que l'on considère seulement la brièveté et la rondeur des phrases, leur suite incohérente ou faiblement liée, toute l'allure mesurée et cadensée de ce petit morceau ; il semblera incontestable aux personnes qui ne répugnent pas par préjugé à l'assimilation d'un fou et d'un homme de génie, que certains passages de Flaubert sont l'analogue lointain et cependant exact de cette littérature d'asile. Que l'incohérence résulte d'une concentration volontaire puis habituelle de l'effort d'exprimer successivement en une forme difficile chacune des pensées qui le traversent, ou qu'elle provienne chez l'aliéné — comme cela est probable, — d'une irrégularité de la circulation sanguine cérébrale, semblable à celle qui produit la fantaisie des rêves, — en d'autres termes que ce soit l'attention [1] ou la maladie qui abaissent l'activité commune de l'encéphale, au profit de ses parties, le résultat est physiologiquement et psychologiquement le

---

[1] Voir Luys. *Le cerveau*, sur les phénomènes physiologiques de l'attention.

même. L'incohérence faible de Flaubert, terme extrême de celle de tous les artistes qui « font le morceau » est l'antécédente de celle du rêve, qui précède celle du délire, et celle des maniaques. Entre tous ces dérangements, il n'est de contraste que ceux de l'intensité et de la permanence.

Généralisation sur les causes : L'on remarquera que cette altération du langage qui produisit chez Flaubert de si belles et maladives fleurs, est analogue si l'on abstrait de ses développements ultimes, à celle qui cause chez tout un groupe d'écrivains nommés par excellence les « artistes », ce qu'on appelle encore par excellence, le « style ». On sait qu'entre lettrés ces termes ne sont appliqués qu'à des prosateurs et des poètes postérieurs au romantisme, et à aucun des étrangers. Si l'on note le caractère commun de « l'écriture artiste » chez des gens aussi dissemblables que les de Goncourt, Baudelaire, Leconte de l'Isle, Th. de Banville, Huysmans, Villiers de l'Isle-Adam, Cladel, on remarquera que tous affectionnent une forme de phrase et une série de mots qui demeurent identiques à travers les sujets divers qu'ils traitent ; en d'autres termes, tous poursuivent deux buts, et non un seul en écrivant : exprimer leur idée, — construire des phrases d'un certain type ;

en d'autres termes encore tous sont doués d'un
certain nombre de formes verbales et syntactiques, dans lesquelles ils s'emploient avec une
extraordinaire adresse à rendre les idées qui
s'associent ou qui pénètrent dans leur esprit.
Les uns n'ont que la somme de pensées que produit la richesse même de leurs mots. Nous avons
montré que Victor Hugo est l'exemple de ce
type. Les autres parviennent à un accord parfait
entre leurs idées et leur vocabulaire ; tels Villiers et Baudelaire. D'autres enfin, et ce sont les
plus artistes des artistes, réussissent par des
miracles d'adresse à exprimer une énorme portion de réalité, des idées absolument adventices
et variées, en une langue toujours la même
et qui joint une beauté propre au rendu de
la vérité ; les de Goncourt et M. Huysmans
sont de ceux-ci, Flaubert en fut aussi dans ses
romans.

Mais cet artifice ne suffit ni aux uns, ni à l'autre.
Que M. de Goncourt se plut à laisser libre carrière à son style en une œuvre spéciale et su-
prème, *La Faustin!* Flaubert aussi, et plus complètement, s'échappa résolument à plusieurs
reprises hors des sujets qui violentaient son
style; il satisfit pleinement ses besoins esthétiques, son amour du beau et de l'indéfini,
créant la *Salammbô* et la *Tentation*, sans plus

se souvenir que Paris existait et que le XIXᵉ siècle devait être dépeint.

Flaubert : Cependant le siècle le tentait, le heurtait, et le blessait. Le pessimisme que provoquait en lui la nostalgie du beau et la vue d'êtres et d'objets sans noblesse, se compliquait de celui qui affecte tous les artistes, l'acuité pour ressentir la souffrance que cause l'excès général et délicat de la sensibilité, le pessimisme sociologique, « l'indignation » à propos de tout que donne aux grandes intelligences la vue de la bêtise se passant d'eux pour se mal conduire, la lassitude qu'implique chez l'artiste moderne sa vie d'être inutile, spolié de tout intérêt humain[1]. Il vécut ainsi douloureusement au déclin de sa vie, ce grand homme, haut de taille, portant sur ses lourdes épaules, une grosse face rubiconde, bénigne et naïve, que coupait une moustache blanche de vieux troupier, que dominait le vaste ovale d'un front rouge, sur des yeux bleus, « dont la pupille, dit M. de Maupassant, toute petite, semblait un grain noir toujours mobile. » Et cet homme à la carrure de cuirassier, qui semblait fait, avec sa mine bonasse de reître, pour courir les aventures, enlever les bataillons à la charge, se tanner le

---

[1] Lire sur ce dernier motif de pessimisme un très remarquable article de M. P. Bourde dans le *Temps* du 24 Sept. 1884.

cuir sous des soleils incendiés ou de glaciales bruines, passa sa vie, — dominé par on ne sait quelle infime modification vasculaire de son encéphale, — comme un mince artisan, fabriquant, dans l'ombre de la chambre, des objets infiniment délicats. Il ploya sa longue stature à la mesure des fauteuils, sédentaire, sortant à peine, crispant ses gros doigts gourds sur le fêtu d'une plume ; et la tête courbée, le sang au front, les yeux injectés, il pesa des syllabes, accoupla des assonances, équilibra des rhythmes, dégagea le mot juste de ses similaires, lia des vocables par d'indissolubles relations ; il peina, geignit et souffla à mettre en une forme à laquelle il requérait des qualités compliquées et rares, de précises images de réalité ou de grands rêves de beauté, qui, s'efforçant de prendre forme, subjuguèrent à cette tâche toute l'intelligence et tout le corps de cet énorme et vigoureux et lourd tailleur de gemmes. Il peinait, il souffrait ; les minuties toujours mieux aperçues de son métier, bornaient de plus en plus son horizon intellectuel ; il souhaita des succès de livres, puis des succès de pages, puis des succès de phrases[1] ; il sacrifia graduellement toute sa vie à sa passion ; il vécut dans le sourd malaise

---

[1] Lire l'étude de M. E. Zola sur Flaubert.

des phénomènes, qui logent en leurs corps une âme hétéroclite, jusqu'à ce que cette despotique activité cérébrale, après avoir imposé au corps, sans en être atteinte, une maladie nerveuse, — l'épilepsie transitoire [1] de sa jeunesse et de sa vieillesse, — l'anéantît et le foudroyât au pied de sa table de travail par une dernière et délétère victoire d'un organe sur un organisme.

Le destin de Gustave Flaubert aurait pu être différent, mais non plus glorieux. Il lui appartient d'avoir introduit définitivement l'étude du réel et l'érudition dans la littérature, d'avoir écrit les plus beaux livres de prose qui soient en français; il lui est dû encore d'avoir fait resplendir un certain idéal de beauté énergique et fière, d'avoir produit en la *Tentation de saint Antoine* le plus beau poème allégorique qui soit après *le Faust*.

---

[1] Aucune des particularités intellectuelles de Flaubert, sauf son emportement, n'a d'analogues parmi celles des épileptiques.

ÉMILE ZOLA

M. Zola célèbre un nouveau triomphe. *Germinal* est, pour des causes diverses, entre les mains de tout le public et de tous les lettrés. L'un ne voit dans ce livre qu'une œuvre de réalisme, la peinture brutalement exacte d'un lieu et d'une classe ; les autres admirent en plus de surprenantes qualités poétiques, le don du grandiose, l'amour passionné de la force et de la masse. Les livres de M. Zola sont, en effet, plus complexes que les préceptes de ses articles, et le romancier diffère dans une mesure inattendue du polémiste. L'analyse peut discerner dans son œuvre des éléments disparates, dont certains, négligés jusqu'ici, complètent et modifient la physionomie de l'auteur des *Rougon-Macquart*.

I

M. Zola n'est pas un styliste, dans le sens très moderne de ce mot. Quand il lui faut décrire un objet ou un ensemble, noter un dialogue, exprimer une idée, il ne tente pas de choisir, entre les termes exacts possibles, ceux doués de qualités communes indépendantes de leur sens, la sonorité et la splendeur comme chez Flaubert, le mouvement et la grâce comme chez les de Goncourt, la rudesse cladélienne ou la noblesse et le mystère de M. Villiers de l'Isle-Adam. Le vocabulaire de M. Zola n'a d'autre caractère spécifique que l'abondance, qualité appartenant à tous ceux qui ont frayé avec les romantiques, et, par endroits, un coloris fumeux. De même, la façon dont M. Zola assemble ses mots en phrases est extrêmement simple, commode, apte à tout. Il procède d'habitude par l'accolement, sans conjonction, de deux propositions à sens presque identique, qui redoublent l'idée, l'enfoncent en deux coups de maillet, et marchent puissamment dans un rythme balancé, jusqu'à ce que soit atteinte la fin du paragraphe, que M. Zola termine indifféremment par un retentissant accord, finale d'une gradation ascendante, ou par une phrase surajoutée et superflue qui laisse en suspens la voix du lecteur. En cette façon d'écrire aisée, maniable et large, propre à tout dire et appliquée par M. Zola à tous les usages, celui-ci polémise, expose, raconte, parle et décrit, énonce l'énorme masse de petits faits qui lui servent à poser ses lieux, ses personnages et ses ensembles.

En opposition au procédé classique qui décrit en quelques mots généraux, et au procédé romantique, qui décrit en quelques mots particuliers, conformément à l'acte de la vision qui est une synthèse de mille perceptions élémentaires, M. Zola, avec tous les réalistes, forme ses tableaux de l'énumération d'une infinité de détails résumés parfois en un aspect d'ensemble. Chaque spectacle est dépeint en ses parties constituantes, marquées chacune par l'adjectif coloré qui correspond à sa perception ; puis, en une phrase générale, le tout est repris avec des termes où domine celui des caractères de forme ou de nuance, qui existe en le plus de parties. Le chef-d'œuvre descriptif de M. Zola, le *Ventre de Paris*, abonde en passages appliquant cette théorie.

Dès le début, le vague remuement des Halles à l'aube est montré par une série de faits confus, de formes rôdantes et accroupies autour d'entassements mous en un indécis brouhaha. Florent et Claude Lantier parcourant plus tard les abords de Saint-Eustache, allant des charretées de choux gaufrés aux caisses de fruits parfumants, puis Florent promenant seul sa faim à travers l'accumulation énorme des nourritures de Paris, rendent ce spectacle, par le simple narré des sensations que perçoivent leurs yeux et leurs narines. L'étal de la Sarriette, la vitrine de la belle Lisa, la fromagerie, les poissons d'eau douce de Claire Méhudin, les gibiers et les volailles, sont décrits en des paragraphes pleins de faits, que résume une phrase-thème, de volupté, d'obscénité, de perfidie, de grâce, de fermentante chaleur. Que l'on compare ces descriptions à celles de la maison de la Goutte-d'Or et du boulevard extérieur, à midi, dans l'*Assommoir*; du retour du Bois dans la *Curée*, et de ce rose cabinet de toilette où Mme Saccard laisse de sa mince nudité, à mille autres tableaux encore prodiguement épars dans l'œuvre du peintre le plus complet de la vie moderne, — un même procédé sera reconnu, de séparer en tout spectacle ses nombreux composants réels, de les énumérer en un détail merveilleusement visible, de les recombiner par une phrase compréhensive de l'ensemble.

Par un procédé identique exactement — série

d'actes condensés en trois ou quatre qualificatifs fréquemment rappelés — M. Zola pose ses personnages. Leur aspect physique déterminé, le romancier les place dans une scène, soit journalière, soit exceptionnelle, montre par une conduite concordante de quelle façon particulière tel être se caractérise. Puis la dominante psychologique, habituellement analogue à la dominante physiologique, établie, il les résume en une phrase appositive qu'il accole sans cesse au nom de l'individu ainsi présenté. Coupeau, gouailleur, bon enfant les yeux gais et le nez camus, un peu niais en plusieurs occasions, se trouve montré tel dans sa cour auprès de Gervaise, et résumé de même par ces mots : « avec sa face de chien joyeux » ; aux premiers chapitres du *Ventre de Paris* est décrite la beauté calme de Lisa, puis des actes de raisonnable placidité, double trait que condense encore cette apposition répétée « avec sa face tranquille de vache sacrée » : Saccard, brûlé de toutes les fièvres et de toutes les cupidités, est sans cesse suivi des adjectifs « grêle, rusé, noirâtre », comme Renée, possède cette « beauté turbulente » qui concentre la physionomie ardemment avide de joie, et les passions à subites sautes, de celle dont les faits d'égarement tiennent tout le volume. La force d'Eugène Rougon, la noble beauté de Mme Grandjean, la séduction d'Octave Mouret et la douce fermeté de Denise, sont ainsi empreints en une effigie, marqués par des faits et résumés en une phrase. Ce dernier procédé, qui ressemble fort à celui des phrases-thèmes de Wagner, ayant le tort d'enserrer en formule constante un être variable, est éliminé d'habitude de la figuration des personnages de second plan parmi lesquels se trouvent les êtres les plus vifs que M. Zola ait produits. La Mme Lerat, de l'*Assommoir,* le sous-préfet de Poizat, le louche et gai bohême Gilquin, Lantier pâle, lent et ravageur, le marquis de Chouard, Trublot, sont tous admirablement saisis et jetés dans la vie commune, parlent et agissent avec des façons, des physionomies uniques.

La même manière réaliste caractérise chez M. Zola les ensembles où les personnes agissent dans des lieux. Le salon de M. Rougon dans la *Fortune,* et le campement des insurgés la nuit dans Plassans, l'abbé Mouret et frère Archangias courant les Artaud, les luttes exaspérées de Florent contre les poissardes de la Halle commandées par la dynastie Méhudin, toutes ces scènes parfaitement localisées se passent fait par fait. Rien de plus réaliste que, dans *Son Excellence,* Eugène Rougon disgracié, déménageant de son cabinet au milieu des intéressées condoléances de ses créatures, ni de plus visible que le débraillé lascif de l'hôtel où Clorinde Balbi pose nue la Diane. L'*Assommoir* est tout entier en magnifiques ensembles, de la bataille du lavoir à la noce, du large repas de la fête de Gervaise, à cette magistrale ribote où Lantier conduisant Coupeau au travail, l'égare en une interminable suite de bibines, de la forge Goujet à la cellule capitonnée de l'asile Saint-Anne. *Nana*, *Pot-Bouille*, le *Bonheur des Dames*, la *Joie de vivre*, sont de même brossés en larges scènes, traversées de gens visibles constitués eux-mêmes de linéaments, de notes biographiques, de menues perceptions de mouvements et de couleurs. Du haut en bas de son esthétique, M. Zola est l'assembleur de petits faits, qui compose ses caractères d'actes, ses descriptions de détails, et édifie son œuvre par ces atomes artistiques indéfiniment associés.

Pour la partie la plus étendue de son ensemble de romans, M. Zola emprunte ces éléments à la vie réelle, et les reproduit tels que sa mémoire et ses sens et les ont perçus et emmagasinés. Les livres de M. Zola, comme ceux de tout grand réaliste, possèdent une vérité supérieure. Constamment construits par un minutieux détaillement de faits, d'anecdotes, d'observations, de notes prises sur les lieux, et de spectacles réellement vus, ils tendent à donner de la vie une image adéquate, aussi complexe, aussi variée, abondante en contrastes, sans que le choix, l'*idéal* personnel de l'auteur restreigne le rayon de son observation et résume la vie et les âmes en des extraits fragmentaires. C'est là la véritable différence entre un roman idéaliste et un roman réaliste[1]. Les faits des récits de M. Barbey d'Aurévilly sont et peuvent être chacun aussi vrais que ceux d'un roman de Balzac. La différence est que l'un ne peint qu'une sorte de personnages, n'éprouve de sympathie artistique que pour un côté de l'âme humaine, et un genre de catastrophes, tandis que l'autre de sa vaste et souple cervelle embrasse le monde en tous ses aspects, réfléchit, affectionne et reproduit toutes les âmes, respecte leur complexité et donne d'une société à une époque, une image qui lui équivaut.

En ce sens, que des personnes peu habituées à l'analyse trouveront subtil, les romans de M. Zola sont vrais. Ils arrivent à représenter l'homme, ses habitudes, sa nature, ses penchants et ses passions, complètement, sans choix ou presque ainsi.

La *Fortune des Rougon* contient à la fois une série de faits sur la lâcheté stupide de quelques

---

[1] Le critique anglais Vernon Lee a émis une théorie analogue dans son *Euphorion*.

bourgeois, et une fraîche et sanglante idylle d'amour. La *Conquête de Plassans* regorge de contrastes, du dur abbé Faujas à la molle femme qu'il domine ; tout un village grouille dans *la Faute* entre deux ecclésiastiques opposés, une fille idiote et pubère; et la charmante ensorceleuse du Paradou. Le *Ventre de Paris* regorge de physionomies et de caractères. La Cadine, Lisa Quenu, Gavard, M. Lebigre surveillant les conspirateurs de son arrière-boutique, les marchandes, de Claire Méhudin, en sa grâce sommeillante, à la bilieuse Mme Lecœur, Pauline et Muche galopinant sous l'œil acéré de Mlle Saget, constituent un magnifique et divers ensemble de créatures toutes humaines. *Son Excellence* et la *Curée* renseignent sur le Paris des démolitions, contiennent des scènes et des gens d'une admirable variété, des officieux du ministre aux convives de Saccard ; à travers une promenade au Bois et une séance du Corps Législatif, le baptême d'un prince, un bal de filles, une fête de bienfaisance, un Compiègne, circule une foule de personnes en chair, marquées, caractéristiques et agissantes, Mme Bouchard, Maxime, Suzanne Haffner, du Poizat, qui entourent ce colosse et ce gnome Eugène Rougon et Aristide Saccard. L'*Assommoir* et *Nana* présentent en des pages connues tout le monde des ouvriers, tout le monde des filles et des petits théâtres. *Pot-Bouille*, le *Bonheur des Dames*, *Germinal* débitent chacun une énorme tranche de la société, dont une *Page d'Amour* et la *Joie de vivre* détaillent un point.

Que l'on observe, en outre, que les personnages principaux de ces groupes, dont l'ensemble reproduit une nation en raccourci, sont étudiés souvent en tous leurs contrastes individuels. Dans Eugène Rougon, M. Zola marque le luxurieux, le bourgeois, l'avocassier, le courtisan, le louche coquin autant que le ministre. Dans la *Joie*, Pauline est détaillée des secrets de sa chair aux plis honteux de son âme. Clorinde Balbi a une nature courtisane, mystérieuse, supérieure et baroque. Nana est naturelle, tendre, grossière, écervelée, stupide. Coupeau et Gervaise passent par d'admirables gradations d'une bonne santé morale à l'extrême abaissement. Que l'on joigne à l'image de tous ces êtres celle des lieux où ils vivent, des chambres, des salons, des cabinets de travail, des salles de spectacle, des échoppes, des magasins, des galetas, des bouges, des ateliers; celle des rues qui relient ces demeures, de l'avenue de l'Opéra aux boulevards extérieurs, des ponts de la Seine aux buttes de Passy, des ruelles de Plassans aux routes du Coron; celle enfin des paysages qui enclosent ces villes, les sèches arêtes de la Provence, les plaines blêmes du Nord, les efflorescences du Paradou, les déferlements des marées normandes, l'on aura dans une dizaine de volumes un large ensemble de faits humains et physiques reproduisant en abrégé presque toute la complexité d'un pays en un temps.

Quelques restrictions limitent, en effet, cette universalité. Les personnages de M. Zola, s'ils comptent un nombre considérable d'êtres bas, infimes, incomplets, malades ou rudimentaires, ne comprennent aucune des âmes supérieures et choisies, complexes, délicates et rares, que montrent les hauts romanciers. Ni les grands hommes et les nobles femmes de Balzac n'apparaissent dans *les Rougon-Macquart*, ni les fervents ambitieux de Stendhal, ni les fins artistes de Goncourt. M. Zola a constamment proposé à son analyse des caractères simples et sains, ou déséquilibrés par une maladie concrète. La facilité choisie de cette tâche permet qu'on l'accuse de manquer de psychologie, défaut dont la présence est confirmée par la fixité de ses caractères.

En tous ses livres, sauf l'*Assommoir*, les personnages restent les mêmes du commencement à la fin, sans que leur vie, dont l'instabilité normale est scientifiquement admise[1], varie d'un

---

[1] Ribot, *Maladies de la personnalité*, 1885.

linéament. Bien plus, dans quelques-uns des livres récents de M. Zola, notamment dans *Nana*, le *Bonheur*, *Germinal*, le romancier, tout en conservant une vue très nette des lieux où se passe son action, et d'excellentes aptitudes descriptives, a si bien simplifié le mécanisme de ses personnages, leur prête des conversations si banales et des caractères si généraux, qu'ils perdent toute individualité nette. Au milieu de décors magnifiquement visibles, circulent des ombres d'autant plus ténues. Enfin, M. Zola, comme tous les écrivains peu aptes à imaginer le mécanisme intérieur de la machine humaine, et comme aucun des romanciers psychologues, montre les actes de ses personnages de préférence à leurs raisonnements, les effets plutôt que les causes. De sorte que, le lecteur voyant ces créatures, de visage et de caractère nettement défini, réagir aux événements sans hésitation, sans débat, sans trouble, d'une façon constamment conséquente, identique et directe, se sent parfois en présence d'êtres trop simples pour des hommes.

De même, mais dans une plus faible mesure, les descriptions de M. Zola ne sont pas matériellement exactes. Tout artiste choisit entre les diverses sensations d'un ensemble celles que ses nerfs lui permettent de sentir le plus vivement.

Pour M. Zola, cette sélection porte évidemment sur les odeurs et les couleurs. Les Halles sont décrites autant en termes oléfiants qu'en termes colorés. Le parterre du Paradou est aussi plein de parfums que de corolles ; et de la femme M. Zola connaît les senteurs comme les incarnats. Toute page atteste de même le colorisme du romancier. De l'étal d'une poissonnerie il retient le cinabre, le bronze, le carmin et l'argent plutôt que le fuselé des formes. Le jardin d'Albine est dépeint en larges touches roses et bleues et vertes. Du cortège baptismal du prince impérial, M. Zola perçoit le blanc des dentelles, le vert des piqueurs, la nappe bleue de la Seine, l'éclat des aciers et le braisillement des glaces. En confirmation de ces faits, M. Zola, critique d'art, défendit les coloristes extrêmes, notamment Manet.

Ces réserves diminuent déjà dans une faible mesure l'aptitude de M. Zola à reproduire exactement toute l'humanité actuelle, et marquent des bornes à l'envergure de ce romancier, qui demeure cependant très grande. Il est une autre cause d'un ordre tout différent qui empêche encore M. Zola de voir et de rendre entièrement toute la nature : son individualité qui, dans l'ensemble totale des faits pyschologiques et matériels, l'a porté à en préférer une série douée d'un caractère commun, à modifier certains rapports, à dénaturer certains aspects, à donner de tout ce qu'il décrit une image notablement altérée dans le sens de ses sympathies, c'est-à-dire de sa nature d'esprit. Les livres de M. Zola n'échappent pas à la formule que lui-même a donnée justement de toute œuvre d'art: « La nature vue à travers un tempérament. »

II

Tous les caractères que présente l'humanité ne semblent pas à M. Zola également dignes d'affection et d'indifférence. Il en préfère certains, les montre avec faveur, et les exalte au-delà du vrai. La santé physique ou morale ou double lui paraît adorable. Les quelques personnages loués dans ses romans sont bien constitués dans leur corps et leur esprit, ont des membres sans tare et une raison sans fêlure, sont logiques, forts et humains. Le plein développement corporel même, si l'activité cérébrale est atrophiée par les fonctions végétatives et animales, est considéré par M. Zola comme magnifique. Désirée, la belle idiote de *la Faute,* accroupie dans la chaleur de son poulailler et frémissante du rut de ses bêtes, est décrite avec dilection, comme l'est aussi ce couple bestial et réjoui de Marjolin et de Cadine, qui promène à travers les Halles son impudicité. Même quand cet équilibre physiologique s'allie à une âme méchante et faible, M. Zola ne dépouille point toute sympathie. Le teint clair et le pouls calme de la belle Lisa sont admirés dans le *Ventre de Paris*, comme l'insolent bien-être de Louise Méhudin et de sa mère. Dans *Une Page*, la noble stature et le port junonien de Mme Grandjean son complaisamment drapés, les sottises de Pauline Letellier s'excusent par le libre jeu de son corps de jeune fille saine sous ses jupes lâches.

Mais l'harmonie d'une âme noble, avec un corps bien portant, est préférée par le romancier. Sylvère et Miette, l'attachement de ces deux enfants nets, chastes et tendres, sont racontés avec amour. L'honnête et drue figure de Mme François ressort sur toutes les turpitudes du *Ventre de Paris*. Gervaise raisonnable et fraîche, au début de *l'Asommoir*, est aimable ; Mme Hédouin illumine de sa beauté de femme de tête l'ignoble bourgeoisie de *Pot-Bouille ;* Denise pousse à bout la raison vertueuse ; et l'héroïne de la *Joie de vivre* est de même une fille sensée, forte et savante.

Que cet amour de l'équilibre physique et moral n'est qu'une part d'un amour plus général, celui de la vie, un indice le montre. Partout où la niaise pudeur des modernes s'attache à cacher les opérations procréatrices, M. Zola, d'une touche de chirurgien, écarte les voiles et désigne le mystère. Tout le second livre de *la Faute* célèbre la beauté de l'accouplement. Les larges flux de sang des filles bien pubères ne sont point dissimulés. Rien de plus noble que les pages où est montré l'enfantement de la femme. Celui de Gervaise tombant en travail sur le carreau, puis couchée toute pâle dans son lit, tandis que Coupeau s'empresse bonnement dans la chambre; l'accouchement douloureux et misérable d'Adèle dans sa mansarde, aboutissent à ces pages magistrales de la *Joie* où Pauline, sainement instruite des mystères sexuels, assiste et coopère à la délivrance de Louise. Il semble qu'en toutes ces occasions, M. Zola touche aux spectacles prétendus honteux, en vertu de droits supérieurs, comme accomplissant une mission de grand révélateur de la vie, chargé d'en découvrir les sources charnelles.

Et cette vie dont il aime les bas commencements, il l'adore en ses deux grandes manifestations masculine et féminine, la sensualité de la femme et la force de l'homme. Tous les héros qu'il exalte sont des hommes forts, se dépensant en action, accomplissant une grande œuvre ou couronnant une grande ruine. Depuis le père Rougon qui, par un sourd travail de mine, édifie la fortune des siens, jusqu'à l'abbé Faujas conquérant Plassans, d'Aristide Saccard, qui démolit une ville, et accumule des millions, à Octave Mouret qui, par l'adultère, par le mariage, par l'incessante exploitation de la femme, écrase Paris de ses magasins, tous les grands hommes du romancier sont robustes, puissants, actifs sans compter, acharnés en besogne, s'acquittant dans le monde de leur tâche de force vive, résumés en ce colossal Eugène Rougon qui, solide et dur des épaules à l'âme, a la sourde tension d'une machine sous vapeur,

Et si les hommes dégagent ainsi leur force musculaire et volitionelle, les femmes exhalent, au profit de l'espèce, la séduction de leur sensualité. Que ce soit le simple et presque symbolique attrait d'une enfant ignorante pour un enfant oublieux, ou la salacité diffuse d'une troupe de jeunes poissardes entourant de leurs gorges rebondies un souffreteux jeune homme, l'impudique nudité d'une courtisane italienne achetant le pouvoir de la rondeur de ses membres ou la prostitution d'une harscheuse, femelle à tous les mâles, la femme, chez Zola, toujours tend à l'homme le piège de son sexe. Enivrant et dissolvant toute une société comme dans la *Curée*, victime passive dans les milieux ouvriers des grosses luxures et des coups, défaillante et amoureuse dans *Une page*, séduisant dans *Pot-Bouille* un cacochyme délabré en un mariage aussitôt souillé, domptant à force de refus, dans le *Bonheur des dames*, un obstiné viveur, toutes, dépeintes en leur fonction utérine, se résument en cette *Nana*, folle et affolante de son corps, qui subjugue par la douceur de son embrassement toute une cavalerie, des ouvriers aux princes, des enfants aux polissons séniles.

C'est en vertu de ces deux prédilections, sous un souffle de volupté ou un afflux de force, que M. Zola dénature le réel et le grossit. La végétation épanouie et luxuriante du Paradou est suscitée par les amours qui s'y consomment, comme l'inceste de Renée embrase et assombrit la serre de son palais, transforme en une orgie babylonienne le bal où sa grêle silhouette transparaît dévêtue. L'hôtel de Nana sertit dans sa splendeur le corps radieux de cette invincible fille, comme sont grossies pour la rehausser les turbulences du Grand-Prix où elle triomphe, et exagérées pour montrer son empire les ruines qu'elle accumule. Par contre, la séduction du magasin dans le *Bonheur*, le fouillis de ses soies, l'appétence de ses chalandes et la rouerie de ses vendeurs sont amplifiés pour venger de cette domination, la force de l'homme, portée à l'énorme dans les spéculations de Saccard et les actes de Rougon, représentée invincible dans la chasteté farouche de l'abbé Faujas et de frère Archangias.

Tous les ensembles dans lesquels les caractères de force humaine, de luxure, de puissance, d'exubérance, peuvent être reconnus par association, sont exaltés par M. Zola.

Dans l'*Assommoir*, la bataille des deux lavandières est homérique, et le repas pour la fête de Gervaise pantagruélique. L'alambic du père Colombe ronfle, tressaille et rutile comme s'il avait conscience du poison qu'il élabore. Les Halles de Paris sont assurément plus grandes dans le roman que dans l'atmosphère. Un puits de mine où descendent des cages ressemble à un Moloch dévorateur d'hommes. La mer montante livre aux falaises de Bonneville de formidables assauts. Dans toute la série de ses romans, M. Zola ne mentionne aucune énergie matérielle ou humaine sans l'exagérer démesurément.

Le romancier se borne d'habitude pour ce grossissement à décrire en détail l'ensemble exagéré, comme si ses sens le lui avaient présenté tel. Mais parfois son penchant à l'énorme et au complet l'entraînent à user de procédés que leur contradiction avec ses doctrines rend intéressants. Pour montrer plus intense un acte ou un personnage, il le place de force dans un milieu similaire ; pour amplifier un individu ou un sujet, il use de deux artifices romantiques : l'antithèse, le symbolisme.

Dans la *Faute de l'Abbé Mouret*, le Paradou fournit inépuisablement de décors assortis l'amour qui s'y passe. L'abbé renaît avec le printemps ; c'est sous une pluie de roses pétales, qu'Albina dévoile ses chairs rosées ; le fauve hérissement des plantes grasses exacerbe les désirs du couple, auquel il faut l'ombre d'un arbre inconnu, lascif et mystique, pour se mêler ; et c'est en une agonie de fleurs qu'Albine expire. Claire Méhudin, montrant ses viviers, en est douée d'aspects fluviatiles ; la Sarriette est savoureuse comme les fruits qui s'étalent autour d'elle, et seulement dans l'atmosphère empestée d'une fromagerie, Mlle Saget et Mme Lecœur peuvent échanger d'âcres médisances. La serre où se répète l'inceste de Maxime et de Renée est embrasée, lascive et délictueuse. Coupeau revenant pour la première fois aviné chez Gervaise débraillée, passe par la puanteur du linge que l'on recompte. Dans *Une Page*, le ciel au-dessus de

Paris reflète patiemment l'humeur de l'héroïne, entre toutes les habitantes élues. Nana dévêtue dans un boudoir, les bonnes de *Pot-Bouille*, affenêtrée sur leur arrière-cour fétide, accomplissent dans un lieu convenable des actes appropriés. Ces scènes, ces personnages et d'autres sont situés dans le milieu qui peut les rendre plus significatifs, plus librement développés. Que ce procédé revient à déranger l'ordre vrai des faits pour instituer d'artificielles coïncidences, il est inutile de le montrer.

Par un moyen inverse en vue d'un effet analogue, M. Zola s'accoutume à rendre plus marqué un acte ou un type en l'accolant à son contraste. Dans *la Faute*, les deux prêtres sont antithétiques comme les deux parties du livre, dont l'une pose la haine de la nature et l'autre sa voluptueuse revanche. Dans *Son Excellence*, à la force mâle de Rougon, la souple beauté de Clorinde Balbi fait contre-poids. Renée se désespère du mariage de Maxime au milieu d'un bal. Les amours de Rosalie et de son soldat sont le pendant grotesque de ceux d'Hélène et du Dr Deberle. Le *Bonheur des Dames* met en opposition Octave Mouret, l'action, et Valagnose, pessimiste inactif. Dans l'odeur des boudins que l'on coule, Florent raconte ses faims de Cayenne. A côté de Pauline, qui représente la moitié saine de la femme, est placée Louise qui en montre le côté délicatement maladif. La Maheude, chez les Grégoire, met en contraste le travail et le capital, l'aisance bourgeoise et la misère des ouvriers.

Ces antithèses nécessitent déjà le grossissement des personnages opposés. Suivant ce penchant, M. Zola en vient à assigner à ses principales figures les caractères de toute une classe. L'abbé Faujas est le prêtre, et Nana la fille. Le *Ventre de Paris* met aux prises les affamés et les repus, *Son Excellence*, la force et la luxure. Sans cesse, par une poussée instinctive qui fait sauter le lien de ses doctrines et contredit les dehors de son art, le grand poète qu'est M. Zola tend au démesuré, au typique, à l'incarnation, personnifie, en des êtres devenus tout à coup surhumains, les plus simples et les plus abstraites manifestations de la force vitale. Et sans cesse aussi, ayant assimilé les âmes aux éléments, le romancier prête, en retour, aux forces naturelles, de sourdes et inarticulées passions; parle de l'entêtement des vagues et du rut de la terre; fait souffrir une machine des coups qui la mutilent; assigne à une maison l'humeur rogue de ses locataires. En cette équitable transposition, qui rend égal un individu à une énergie et un ensemble matériel à un individu, apparaît l'instinct fondamental de M. Zola, pour qui tout être se réduit en force, et pour qui toute force est similaire.

Ayant ainsi délaissé le réel pour l'idéal, M. Zola devint nécessairement pessimiste et misanthrope. Comparant les fortes et complètes créations de son esprit aux êtres que ses sens lui montrent, apercevant le moment vital qu'il adore, la santé, la raison, la vertu, éparses, restreintes et mêlées en d'imparfaites manifestations, M. Zola est rempli d'un dégoût pitoyable ou ironique pour l'humanité. Il s'attache à présenter de cruels contrastes où les personnages dignes de bonheur sombrent dans un incident grotesque. Florent, arrêté et envoyé à Cayenne pour s'être épouvanté sur le cadavre d'une fille tuée par la troupe, passe, à son départ, près d'un carrosse de femmes dont les rires l'accompagnent. Le peloton de gendarmes venu pour réprimer la grève des mineurs protège les croûtes de vol-au-vent destinées au dîner du directeur. Le romancier prend plaisir à ne point faire reconnaître la bonté de ses personnages sympathiques. Denise est poursuivie par d'incessantes médisances; Pauline, grugée, est haïe de Mme Chanteau. De lugubres incidents, propres à faire douter de la justice sociale, la torture de Lalie par son père, l'arrestation de Martineau mourant, sont racontés avec complaisance.

Parmi les filles qui passent par l'église de l'abbé Mouret, pas une n'est décente ; des pêcheurs de Bonneville, pas un honnête ; des bourgeois de *Pot-Bouille*, pas un estimable. Il accumule les catastrophes, les insuccès, les défaillances et les tares. Dans le *Ventre de Paris*, les gredins triomphent des bons. La *Fortune des Rougon*, la *Faute*, *Une page*, *Germinal*, sont souillés du sang des justes. Si la *Curée*, *Son Excellence*, l'*Assommoir* et *Nana* ne se terminent pas par un deuil digne d'être plaint, c'est que leurs personnages sont tous détestables. Et si les plaintes sur l'inutilité, la tristesse et l'odieux de la vie humaine ne sont point constantes dans les livres de M. Zola, c'est que le romancier, idéaliste à demi, persiste à l'adorer, même en ses manifestations imparfaites, mais actuelles et existantes.

Que l'on remonte maintenant de ce pessimisme, terme de notre analyse, à la vue magnifiée des hommes et des choses dont il découle ; de celle-ci à l'amour de la vie, de la force, de la sensualité, de la raison et de la santé, ses causes ; que l'on se rappelle le réalisme de procédés et de vision que ces idéaux résument, l'on aura, je pense, les gros linéaments de l'œuvre de M. Zola, sous lesquels les traits de sa physionomie morale commencent à affleurer.

III

Le cas psychologique de M. Zola est singulier. Nous possédons en lui un artiste composite chez lequel se mêlent en un rare assemblage, les dons du réaliste et certains de ceux de l'idéaliste, sans se nuire, sans que les uns annulent, refoulent ou subordonnent les autres. La coopération des facultés exactes et de celles qui portent le romancier à altérer la réalité est facile et fructueuse en des œuvres homogènes dans lesquelles l'analyse seule distingue des disparates. Cette association intime de tendances diverses porte à leur attribuer une cause commune, et peut-être une seule hypothèse sur le mécanisme intellectuel de M. Zola, suffira à rendre compte des procédés et des émotions apparemment contraires que nous avons séparées dans son œuvre.

On peut imaginer un esprit enregistreur, éminemment apte à percevoir par les sens, à retenir et à se figurer les mille manifestations de la vie décrivant les objets, les physionomies et les caractères de la façon dont ils apparaissent par le détaillement de leurs parties et l'énumération de leurs actes; parvenant, grâce à une accumulation de notes internes, à avoir d'une nation à une certaine époque une connaissance aussi complète que celle dont nous avons marqué les limites. Cet esprit, animé comme presque toutes les âmes humaines, de l'amour des conditions utiles à son espèce, arriverait naturellement à les abstraire de ses expériences, à éprouver ainsi pour la santé, la raison, la sensualité, la force, un attachement admiratif, à ressentir une sourde exaltation toutes les fois qui lui arrivera de parler d'un paysage luxuriant et estival, d'une foule fluctuant, de l'obstination volontaire de ses héros, de la volupté conquérante de ses femmes, de n'importe quel grand réceptacle de force délétère ou non, mais agissante et dynamique. Il est permis d'admettre qu'un esprit parvenu à ces sympathies, comparant leur objet — de pures idées — aux misérables éléments dont il est extrait — la réalité — se prenne de tristesse et de mépris pour l'imperfection et l'hostilité des choses, se sente irrité contre les vices mesquins et les vertus compromises des créatures vivantes, parvienne au pessimisme colère qui caractérise toute l'œuvre de M. Zola.

Cette hypothèse est séduisante mais vraisemblable en partie seulement. M. Zola ne possède aucune des qualités secondaires qui permettraient de lui attribuer de grandes aptitudes à la généralisation. Cesser tout à coup de penser les choses réelles, en détacher un caractère extrêmement compréhensible et ne plus concevoir les individus qu'en tant qu'ils participent de cet attribut métaphysique est le fait soit d'une intelligence spéculative et savante, soit parfois d'un styliste émérite, d'un homme au tour d'esprit verbal qui emploie inconsciemment la synthèse que les mots ont faits de nos idées générales. Or M. Zola n'est ni un écrivain extraordinaire tel que V. Hugo, ni un homme habitué à manier les pensées abstraites comme le montre sa psychologie rudimentaire et les quelques articles où il a tenté d'appliquer à la littérature les procédés de la science.

C'est en lui-même et non au dehors que M. Zola a trouvé le type de son idéal. Doué d'un tempérament combatif que marquent ses polémiques, ayant opiniâtrement lutté contre la misère, contre l'insuccès, contre le mépris et l'inintelligence publics, possédant la tête massive et les épaules carrées des entêtés, sa volonté tenace, son amour-propre lui ont donné l'instinct et l'adoration de la force. Borné par d'autres dons à la carrière littéraire, retiré des batailles dans son ermitage de Médan, la sourde tension de ses centres moteurs s'est dépensée à douer d'énergie consciente des êtres et des éléments que son intelligence lui montrait faibles et sourds comme ils sont. Choisissant parmi ses semblables et dans les grands phénomèmes naturels ceux qui manifestent quelque emportement, les pétrissant de ses popres mains, servant indistinctement aux hommes et aux choses les impérieuses effluves qui sourdaient en lui, il rend colossales les âmes et les forces. D'un ministre médiocre, d'un calicot entreprenant il élabore les types du despote et de l'exploiteur; ses foules roulent comme des fleuves; ses mers déferlent en cataractes; ses champs suent la sève, ses édifices s'étagent démesurément; une mine, un assommoir, un magasin sont de formidables centres de forces délétères, bienfaisants, actifs. Et la femme, force elle aussi, doublement magnifiée en sa puissance par le volontaire, en son charme par le mâle, devient la rayonnante et redoutable créature capable d'enivrer le monde.

Cet absolu amour pour les forts qui seul eût conduit M. Zola à créer de gigantesques abstractions, contrôlé et contrarié par son exacte vision de réaliste, se retourne en un absolu mépris pour les malades, les vicieux, les médiocres, les êtres mixtes et faibles, c'est-à-dire pour toutes choses et pour tous les hommes réels. Ces spectacles quotidiens et cette humanité courante, incapables d'aucun développement extrême, ne contenant de l'énergie universelle qu'une imperceptible dose, mesquins, transitoires et négligeables, présents cependant et s'imposant sans cesse à l'attention de son intelligence réaliste, l'exaspèrent, l'affligent, le dégoûtent et l'attirent. M. Zola est la victime de ses sens. Son pessimisme vient de la contradiction incessante entre la réalité qu'il ne peut ne pas voir et l'idéal dynamique que sa nature de lutteur le force à créer et à aimer. En ces deux termes dont nous venons de marquer la coopération et l'antagonisme — réalisme intellectuel, idéalisme volitionnel — son organisation cérébrale peut être résumée.

Avec l'exemple de Dickens, des de Goncourt, des romanciers russes, par-dessus tout de Balzac, le double tempérament de M. Zola montre qu'il n'existe pas plus d'écrivains purement réalistes qu'il n'y a d'absolus idéalistes.

L'ŒUVRE [1]

PAR ÉMILE ZOLA

Le nouveau livre de M. Zola est un roman ; il est aussi un code d'esthétique. Cette esthétique est absurde. Les lieux communs de l'intransigeance imperturbablement opposés aux lieux communs de l'école, prennent avec ceux-ci un air d'inconstestable ressemblance. Les uns disent : il faut peindre noble ; les autres, il faut peindre en plein air, il faut peindre clair, il faut peindre d'après nature ; et voilà Claude Lantier qui se met à proférer des malédictions contre les artistes sans aveu, qui fabriquent leurs tableaux dans le « jour de cave » d'un atelier.

Il est oiseux de demander si Rembrandt peint en plein air, s'il peint clair, et d'après nature, ses anges et son *Bon Samaritain*. Il vaut mieux

[1] *Revue contemporaine.*

faire observer qu'un précepte de facture reste
une simple recette, que peindre d'une certaine
façon ne veut jamais dire peindre bien de cette
façon, que l'important est de peindre bien et que
la façon n'y est pour rien, que Velasquez et
Rubens se valent, que toutes les querelles et les
gros mots sur les procédés manuels de l'art ne
signifient rien, que la seule chose nécessaire
est d'avoir du génie, que les procédés même de
Cabanel, de Bouguereau, de Tony Robert Fleury,
de Delaroche et d'Horace Vernet donneraient de
magnifiques œuvres s'ils étaient employés par
des artistes ayant le don, qu'enfin la formule du
plein air est la dernière qu'il faille défendre,
puisque, à l'heure actuelle, elle n'a pas encore
donné un seul chef-d'œuvre? D'une main tout
aussi experte, M. Zola touche à l'esthétique du
roman, et reprenant en bouche les grands termes
de positivisme et d'évolutionnisme, il part en
guerre contre la psychologie et dénonce tous
ceux qui n'étudient de l'homme que l'âme, sans
se souvenir de l'influence du corps sur le cerveau. Si M. Zola veut dire qu'il ne faut jamais
oublier dans une œuvre d'imagination que les
personnages sont des êtres physiques en chair
et en os et qu'en une certaine mesure et sauf
de nombreuses exceptions (Louis Lambert, Spi-
noza) le fonctionnement de leurs cerveaux

s'influe du cours du sang et de l'activité des viscères, personne n'y contredira. C'est un truisme dont la nouveauté n'est d'ailleurs destinée à révolutionner que les romans absolument médiocres de toutes les époques. Si M. Zola veut dire, par contre, que le cerveau est un organe comme un autre, que la pensée ne joue pas dans la caractérisation d'un individu un rôle plus considérable que son estomac ou son fiel, cela est simplement faux.

C'est la pensée qui est le centre, et le corps la périphérie ; la science le démontre après que l'expérience l'a constaté, et au nom même de l'évolutionnisme, l'activité cérébrale étant la plus récente est la plus haute, et l'être qui pense le plus étant le plus noble, est le plus intéressant. Faut-il citer toute la psychologie scientifique et toute l'ethnologie pour montrer que c'est rétrograder vers le passé, que de considérer en l'homme l'être instinctif et inconscient de préférence à l'être conscient, pensant, voulant, résolu et moral ? Il serait cruel de battre M. Zola sur presque toute ses assertions par les autorités qu'il invoque et de lui montrer une bonne fois qu'il n'est plus permis aujourd'hui de lancer au hasard les affirmations que lui dicte son tempérament, qu'il y a des raisons aux choses et qu'en plusieurs points l'esthétique de ses adversaires, malheureusement médiocres et ineptes, des Feuillet, des Sand, est plus rationnelle que la sienne, qu'enfin Balzac, Tolstoï et même Flaubert, ont montré une bonne fois comment on peut embrasser la nature entière sans en omettre le couronnement et rester réalistes tout en analysant le génie et la noblesse morale.

Nous avons tenu à dire nettement ce que nous pensons de l'esthétique naturaliste, parce qu'elle est erronée d'abord comme toute esthétique de parti, puis parce qu'elle trouble l'appréciation exacte des œuvres de M. Zola. Autant cet écrivain nous paraît piètre penseur, mal renseigné et peu spéculatif, autant nous l'admirons pour son génie incomplet mais puissant. Toute la première partie de l'*OEuvre*, cette histoire lentement développée de l'affection de Christine et de Claude, les magnifiques scènes où elle se résout à être le modèle de son amant, où elle se livre à lui, revenu croulant sous les huées, leur idylle de Bennecourt, sont de grands et vrais tableaux où la vie frémit, où la sympathie jaillit du cœur du lecteur. Et cette lamentable fin encore du ménage artistique, cette noire existence misérable et débraillée dans l'atelier du haut de Montmartre, Claude se brutalisant, s'exaltant et s'affolant à l'impossible labeur de s'extorquer un chef-d'œuvre, tandis que Christine s'attache à son amour tari, lutte contre le dessèchement de cœur de son mari, finit par l'arracher à l'art auquel il tenait de toutes ses fibres, mais l'abîme et le tue du coup; toute cette tragédie humaine donnant à toucher de pauvres chairs frissonnantes, à voir des larmes dans des orbites creux, et des mâchoires serrées, et des poings abandonnés, nous a enthousiasmé et ému. De tous nos romanciers actuels, M. Zola est le seul à donner cette sensation d'humanité vivante et souffrante, et il y parvient, comme tous les grands artistes, en nous montrant des âmes, des êtres moraux. Dans ce roman, l'étude du milieu artistique est déplorable, fausse et incomplète. Ce que nous y aimons, c'est cette Christine si bonne, si douce, sensée, aimante, d'une si belle noblesse d'âme et toute simple; c'est même cette brute de Lantier, qui, s'il ne mettait une grossièreté de manœuvre à clamer des théories ridicules, serait en somme un être bon, simple et fort, qui eût pu être un brave homme faisant des heureux autour de lui, s'il n'était allé se perdre dans une carrière où il est, malgré son intransigeance, un médiocre et un raté; c'est Sandoz, d'une si belle fermeté, têtu, paisible et solide, ayant une idée en tête et la réalisant patiemment sans se tourner aux clameurs sur ses talons. Toutes ces âmes sans doute sont rudimentaires, simples, sans développement vers le haut et sans complexité dans la profondeur. M. Zola, qui n'aime pas la psychologie, n'est en effet pas un grand psychologue, et ce défaut interdit de le classer avec les très grands. Mais il a le don suprême de la vie, il sait souffler sur un être et faire que les tempes battent, que les yeux regardent, que les muscles se tendent. Il a encore ce que personne n'a eu avant lui, le don d'animer ainsi, d'une vie puissante, les êtres moyens, ordinaires, sans traits exceptionnels, et sans autres qualités qu'une grande bonté et une forte volonté. Pour la classe bourgeoise, pour les gros manœuvres de la vie, il est inimitable. Enfin, il a conçu le premier, sans la réaliser, malheureusement, la grande idée que le roman ne devait pas être une étude individuelle, mais bien une vue d'ensemble où passerait la foule, où s'étalerait toute une époque, et qui, décentralisé et indéfini, engloberait tout un peuple dans un temps et toute une ville. Ceux qui reprendront, après M. Zola, la tâche de continuer le roman moderne devront partir de ce grand écrivain plus vaste qu'élevé, mais qui a construit, une fois pour toutes, les assises des œuvres futures. Avec le Flaubert de l'*Éducation sentimentale*, avec le Tolstoï de la *Guerre et la Paix*, avec tout Balzac, avec les psychologues comme Stendhal et les individualistes comme les de Goncourt, les *Rougon-Macquart*, seront les ancêtres du roman démotique futur, où il y aura des cerveaux et des corps, le peuple et les chefs, les dégradés et les génies, de la chair et des nerfs, le sang et la pensée.

VICTOR HUGO

I

Au lecteur qui pénètre dans l'œuvre colossale, touffue, confuse, et mêlée de M. Victor Hugo, un étonnement s'impose d'abord. Il ressent la luxuriante abondance du style, la profusion des mots, des tournures, des périodes, la variété des figures, la richesse des terminologies, l'entassement de paragraphes sur paragraphes, les infinies suites de strophes.

S'il s'efforce de discerner la loi de ces développements, et la cause de cette opulence, s'il tente de classer les idées d'un alinéa, les aspects d'une description, les traits d'une physionomie et les phases d'une œuvre, il découvrira aussitôt que la principale habitude de style et de composition chez M. Victor Hugo, celle par qui il obtient ses effets les plus caractéristiques et les

---

[1] Décembre 1884, *Revue Indépendante*.

plus intenses, est la répétition. Pas une page et pas une suite de pages du poète, qui ne soit ainsi écrite par une série petite ou énorme de variations aisément séparables. Chacune débute par une phrase-thème exposant l'idée que M. Victor Hugo se propose d'amplifier ; puis vient une redite, puis une autre en termes de plus en plus abstraits, magnifiques ou abrupts, aboutissant de pousse en pousse à cette efflorescence, l'image, qui termine le développement, marque le passage à un autre thème indéfiniment suivi d'autres.

On peut noter des vers comme ceux-ci :

> Nous sommes les passants, les foules et les races :
> Nous sentons frissonnants des souffles sur nos faces ;
>   Nous sommes le gouffre agité.
> Nous sommes ce que l'air chasse au vent de son aile.
> Nous sommes les flocons de la neige éternelle
>   Dans l'éternelle obscurité.

Des passages comme celui-ci :

> Aujourd'hui l'écueil des Hanois éclaire la navigation qu'il fourvoyait ; le guet-apens a un flambeau à la main. On cherche à l'horizon comme un protecteur et un guide, ce rocher qu'on fuyait comme un malfaiteur. Les Hanois rassurent ces vastes espaces nocturnes qu'ils effrayaient. C'est quelque chose comme le brigand devenu gendarme.

Que l'on assemble maintenant ces paragraphes par couples, qu'on les associe en séries diverses, on aura la contexture de la plupart des pièces de vers et de la plupart des chapitres de M. Victor Hugo.

En de longs développements retentissent les plaintes et la hautaine indignation d'Olympio. Les sphinx ceints de roses du sultan Zimzizimi profèrent et répètent la même désolante réponse que reprend en une autre œuvre le ver destructeur des Sept Merveilles. Certaines pièces des *Contemplations* sont inépuisables en dissertations sur la moralité des hommes et les consolations de la mort; certaines pages des *Châtiments* lancent et relancent la même insulte en invectives redoublées. Les *Chansons des Rues et des Bois* varient avec une virtuosité paganinienne un mince recueil de thèmes gracieux, amplifiés en formidables symphonies. Dix-huit strophes y recommandent de confondre l'antique au biblique et au moderne; dix pages de vers envolés et fugaces constatent que la femme ne se livre plus en don gratuit; seize pages à quatre strophes redisent de mille façons ironiques que Dieu n'a pas besoin de l'homme pour parachever ses œuvres. Que l'on joigne à ces exemples les facétieux boniments d'Ursus dans l'*Homme qui rit*, ces parades funambulesques où la même spirituelle cabriole s'exécute en mille dislocations ; les résumés historiques qui ouvrent les divers livres des *Misérables*, par d'énormes variations ; les grandes fantaisies de *Quatre-vingt-treize* sur le mystérieux accord des chouans avec les halliers; et dans les *Travailleurs de la Mer* le sinistre chapitre sur la Jacressarde, maison déserte au haut d'une falaise qui ouvre sur la nuit noire deux croisées vides.

Cette insistance verbale, cette formidable obstination à échafauder mots sur mots, formule sur formule, à revenir et s'appesantir, à enserrer chaque idée sous de triples rangs de phrases, caractérise la forme de M. Victor Hugo, est normale pour tous les passages où il développe quelque réflexion, et constitue le procédé de son style descriptif. Au lieu d'user d'une minutieuse énumération de détails, terminée et raccordée par une large période générale, à la façon des réalistes, M. Hugo recourt à l'accumulation, la reprise, la trouvaille abandonnée et ressaisie, de propositions d'ensemble, de périodes compréhensives, dont le retour est comme l'effort de deux bras, infructeux et répété, peinant à enclore un énorme et souple fardeau.

Que l'on relise pour constater jusqu'où va cette contention et cette lutte, les ressources infinies de ce style jamais las, la magnifique série de chapitres où se trouve décrite la tempête funeste à l'ourgue des *Compachicos* :

Les grands balancements du large commencèrent ; la mer dans les écartements de l'écume était d'apparence visqueuse ; les vagues vues dans la clarté crépusculaire à profil perdu, avaient des aspects de flaques de fiel. Çà et là, une lame flottant à plat, offrait des fêlures et des étoiles, comme une vitre où l'on a jeté des pierres. Au centre de ces étoiles, dans un trou tournoyant, tremblait une phosphorescence assez semblable à cette réverbération féline de la lumière disparue qui est dans la prunelle des chouettes.

De pareils redoublements de phrases renflent les chapitres sur le palais muet, obscur et splendide que traverse à pas hésitants Gwynplaine promu Lord Clancharlie ; il en est ainsi dans les *Misérables*, à ce tableau de l'éclosion printanière dans le jardin inculte, où se déroulent les amours de Cosette et de Marius ; et les vers du poète sont aussi riches que sa prose en ces tentatives redondantes, ces perpétuels retours du burin à graver et regraver le même trait en de diverses et fantasques lignes. Je prends entre cent exemples la description du château de Corbus dans la *Légende des Siècles* :

L'hiver lui plaît ; l'hiver sauvage combattant,
Il se refait avec les convulsions sombres
Ces nuages hagards croulant sur ses décombres,

> Avec l'éclair qui frappe et fuit comme un larron,
> Avec les souffles noirs qui sonnent du clairon,
> Une sorte de vie effrayante à sa taille.
> La tempête est la sœur fauve de la bataille...

Et voilà le poète lancé pendant plusieurs pages à décrire le fantastique combat des ruines contre les nuées.

Ce même procédé cumulatif, cet effort redoublé à mille détentes, M. Victor Hugo le porte dans le portrait physique ou moral de ses héros :

> Il y avait de l'illisible sur cette figure. Le secret y allait jusqu'à l'abstrait... Dans son impassibilité peut-être seulement apparente, étaient empreintes les deux pétrifications, la pétrification du cœur propre au bourreau, et la pétrification du cerveau propre au mandarin. On pouvait affirmer, car le monstrueux a sa manière d'être complet, que tout lui était possible, même s'émouvoir. Tout savant est un peu cadavre ; cet homme était un savant. Rien qu'à le voir on devinait cette science empreinte dans les gestes de sa personne et dans les plis de sa robe. C'était une face fossile..., etc.

De même sont écrits les portraits du capitaine Clubin, de Déruchette et de Gilliat, de la duchesse Josiane et d'Ursus, de Javert, de Fantine et de Thénardier. Des personnages de son théâtre, aux héros de la *Légende des Siècles*, aux femmes et aux enfants qui traversent certains poèmes, tous sont ainsi peints au décuple, saisis une première fois d'un coup, repris, traités à nouveau, enclos de mille contours semblables et déviants, obsédés et retouchés par une main sans cesse retraçante. De même pour la psychologie des personnages que M. Hugo conçoit comme des êtres nus et simples, qui manifestent leur passion ou leur nature par la répétition d'actes semblables. Enfin qu'il s'agisse de l'effronterie d'un gamin ou d'une vue d'ensemble sur la vie monastique, de la manie d'un ancien capitaine à pronostiquer le temps, ou d'une redoutable crise de conscience, du spectacle funèbre d'un pendu épouvantant ses commensaux ailés des soubresauts dont l'anime le vent dans la nuit sur une plage, ou d'une considération historique sur la Convention, de plaintes sur la mort ou d'exultations sur la vie, M. Hugo est essentiellement l'écrivain de la redite, de la répétition, de la variation. De haut en bas, du sublime au fantasque, dans tous les sujets et à travers toutes les émotions, il est celui qui ne peut exprimer une seule pensée en une seule phrase.

Nous avons déjà noté qu'au cours d'une pareille ascension de périodes à sens identique, les mots propres rapidement épuisés auront pour suite des synonymes de plus en plus indirects, puis des allusions et des images. La longue ouverture du *Jour des Rois* où le poète essaie de montrer la figure du mendiant, spectateur infime et presque inanimé des incendies allumés par les puissants aux quatre points cardinaux, aboutit à ces deux vers et s'y résume :

> Penché sur le tombeau plein de l'ombre mortelle,
> Il est comme un cheval attendant qu'on détèle.

Mais dans l'œuvre de Victor Hugo, ce symbolisme est souvent autre chose que la terminaison d'une période ascendante. Tout symbole est à la fois une abréviation et une transposition ; ce sont là les rôles que l'image remplit chez le poète.

Enchaînées et se succédant, les métaphores, par les rudes raccourcis qu'elles infligent au style, par les sauts de pensée qu'elles impliquent, donnent à toute pièce une grandeur grave, quelque chose de biblique et d'auguste. Ainsi de ces strophes de *Olympio :*

> Les méchants accourus pour déchirer ta vie
>   L'ont prise entre leurs dents.
> Les hommes alors se sont avec envie
>   Penchés pour voir dedans :
> Avec des cris de joie ils ont compté tes plaies
>   Et compté tes douleurs,

Comme sur une pierre on compte des monnaies
 Dans l'antre des voleurs.
Ton âme qu'autrefois on prenait pour arbitre
 Du droit et du devoir,
Est comme une taverne où chacun à la vitre
 Vient regarder le soir...

Que l'on note dans cette pièce le double emploi des métaphores. Si elles sont d'énergiques résumés, elles substituent en même temps, à la description d'états d'âme, durs à rendre en vers, des visions imaginables et familières. Ce passage de l'abstrait au tangible, et de l'obscur au saisissant est marqué avec la plus noble énergie, dans la pièce *En plantant le Chêne des États-Unis d'Europe*, où le poète, dans un des plus larges déploiements lyriques qui soient, adjure les éléments, les cieux et la mer, de corroborer le jeune plant mis en terre :

Vents, vous travaillerez à ce travail sublime,
O vents sourds qui jamais ne dites : c'est assez.
Vous mêlerez la pluie amère de l'abîme
 A ses noirs cheveux hérissés.
Vous le fortifierez de vos rudes haleines,
Vous l'accoutumerez aux luttes des géants.
Vous l'effaroucherez avec vos bouches pleines
 De la clameur du néant.
Que l'hiver, lutteur au tronc fier, vivant squelette,
Montrant ses poings de bronze aux souffles furieux
Tordant ses coudes noirs, il soit le sombre athlète
 D'un pugilat mystérieux.

Les strophes se suivent ainsi, bondissantes et fuyantes, emportant le lecteur à ne plus voir le chêne que quelques proscrits ont planté sur une plage, et l'idée révolutionnaire qu'il figure, mais un lutteur monstreux à forme demi-humaine opposant à l'assaut d'éléments passionnés, des racines douées d'obstination et des branches volontairement noueuses.

M. Victor Hugo excelle ainsi à rendre pittoresques par des métaphores matérielles, certaines propositions psychologiques, que l'on ne saurait décrire qu'en vers ternes. La connivence des timorés et des violents est ainsi transposée :

> Les peureux font l'audace ; ils ont avec le glaive
> La complicité du fourreau.

et la communauté de faute qui en résulte, ainsi :

> Reste, elle est là, le flanc percé de leur couteau
> Gisante ; et sur sa bière
> Ils ont mis une dalle ; un pan de ton manteau
> Est pris sous cette pierre.

S'il est des mots qui puissent rendre la vague terreur d'un tyran inquiet des murmures des honnêtes gens, ce sont des vers comme ceux-ci :

> Et ces paroles qui menacent,
> Ces paroles dont l'éclair luit,
> Seront comme des mains qui passent
> Tenant des glaives dans la nuit.

La joie sereine des beaux dieux, que les poètes ont montrés planant au-dessus de nuées d'or, resplendit en une magnifique succession d'images, que terminent ces deux vers radieux :

> Ils savouraient ainsi que des fruits magnifiques
> Leurs attentats bénis, heureux, inexpiés.

De splendides paroles font presque imaginer le mystère de l'immortalité de l'âme :

> Quand nous en irons-nous où sont l'aube et la foudre ?
> Quand verrons-nous déjà libres, hommes encor
> Notre chair ténébreuse en rayons se dissoudre
> Et nos pieds faits de nuit, éclore en ailes d'or ?

L'infinité de l'espace est presque conçue comme réelle en ces vers :

> Il vit l'infini porche horrible et reculant
> Où l'éclair, quand il entre, expire triste et lent.

Ce don de matérialisation, cette aptitude à transposer les choses inimaginables en correspondances plus corporelles, a permis à M. V. Hugo d'écrire les singulières pièces finales de la *Légende des Siècles* et des *Contemplations*, ces tentatives désespérées d'exprimer l'inexprimable et l'inintelligible, où le poète livrant avec les mots une terrible bataille à de vagues ombres d'idées, accomplit ses plus merveilleux prodiges de parolier, et mesure ses plus profondes chutes. En ce point s'arrête l'évolution de l'image. Née d'une accumulation de phrases synonymiques qu'elle couronnait et résumait, prise comme un substitut de représentations directes possibles mais ternes, employée à la tâche de plus en plus difficile et de moins en moins réussie de figurer matériellement des idées plus obscures parce que plus creuses, elle finit par devenir le vêtement de purs fantômes intellectuels, à qui elle prête seule une existence apparente.

A ces deux formes de son style, la répétition et l'image, M. V. Hugo joint une troisième habitude, la plus apparente de toutes, l'antithèse. Par cette juxtaposition de deux termes, de deux objets, de deux ensembles doués d'attributs contraires, par ce contraste exalté, par ce rapprochement souligné par des répétitions et marqué par des images, M. Hugo s'attache à définir plus nettement deux pensées antagonistes, amène la comparaison entre les deux termes ainsi heurtés de force, et définis par la révélation de propriétés hostiles.

La phrase même de M. Victor Hugo abonde constamment en termes durs à apparier. Parmi d'autres tendances celle d'accoler aux plus lumineux adjectifs et aux substantifs les plus clairs, le mot « sombre » est flagrante. On relève sans peine, en peu de pages : « Au grand soleil couchant horizontal et sombre ; miroir sombre et clair ; sérénité des sombres astres d'or. » Les romans sont riches en ces contrastes purement verbaux, notamment certaines oraisons comiques et grandiloquentes dans l'*Homme qui Rit*, dans les *Misérables* la plupart des dissertations générales, parmi lesquelles il faut relever celle sur l'antithèse entre les pénitences du couvent et l'expiation du bagne. Dans les drames, pas un monologue ou une tirade qui n'étincelle de brusques collisions de mots. La déclamation de Charles-Quint, les passages de bravoure de Don César de Bazan, le premier soliloque de Torquemada sont ainsi relevés de heurts sonores et éclatants. Mais les plus insignes exemples d'antithèses reprises, continuées et réduites, seront trouvés dans la *Chanson des Rues et des Bois*, où presque chaque poème semble traversé par deux courants d'idées inverses et parallèles. Qu'il s'agisse d'ailleurs d'une anecdote ou d'une scène, presque toutes les pièces contiennent au début ou à la fin un contraste dissonant entre deux aspects antagonistes. Les dénouements de la plupart des *Orientales* démentent l'exorde. Dans les *Châtiments*, le poème *Nox* met en regard des splendeurs du couronnement, l'aspect du cimetière Montmartre, fosse des fusillés. Dans les *Voix intérieures*, des sages s'attristent sur le festoiement des fous, et l'*A Olympio*, oppose à la douce gravité du poète, les clameurs des haineux. Dans les *Quatre vents de l'Esprit*, le livre satirique flagelle les méchants parce qu'ils sont méchants, et les excuse parce qu'ils sont petits. Dans la *Légende des Siècles*, les contrastes dramatiques abondent. L'apparition de Roland parmi les oncles ennemis du roi de Galice, Philippe II songeant en son palais au-dessus du jardin où l'infante effeuille une rose, l'aigle héraldique d'Autriche contredit par l'aigle helvétique, dans le *Romancero du Cid*, le vieux héros fidèle au roi qu'il censure, entrechoquent deux spectacles ou deux humeurs. A tous les tournants des drames ou des romans, se passent des coups de théâtre, de poignantes alternatives, des luttes de conscience entre deux devoirs, des ironies tragiques qui font dire ou faire à un personnage le contraire de ce qu'il veut de toute son âme. La subite volte-face d'Hernani récompensé et gracié, Torquemada entrant en scène sur les dernières suppliques de Ben-Habib, l'incendie de la Tourgue égayant les enfants qu'il va tuer, Marie Tudor et Jane ne sachant si c'est l'amant de l'une ou de l'autre que l'on exécute, Marius défaillant entre le désir de sauver Valjean et la terreur de perdre Thénardier, la tempête sous un crâne, la Sachette reconnaissant sa fille en celle qu'elle a maudite, Ceubin saisi par la pieuvre et Triboulet tenant l'échelle à l'enlèvement de sa fille, quelle liste de contrastes, d'hésitations, d'alternatives et de déchirements d'âmes, d'antithèses fragmentaires qui amplifiées et soutenues deviennent la contexture même de toute œuvre.

Que l'on observe que les *Châtiments* sont l'ironique antiparaphrase des paroles officielles placées en épigraphes, qu'il n'est presque point de volume de poèmes qui ne soit digne de porter en titre l'antithèse de Rayons et Ombres, que tous les romans et les drames sont les développements d'une psychologie, d'une situation ou d'une thèse bipartites. En *Triboulet*, en *Lucrèce Borgia*, le sentiment de la paternité lutte contre les vices innés. En *Hernani*, en *Ruy-Blas*, en *Marie Tudor*, en *Marion Delorme*, l'amour se heurte à la haine. L'*Homme qui Rit* est fait du contraste de la passion idéale et de la passion voluptueuse ; les *Misérables* sont la lutte de l'individu contre la société, les *Travailleurs de la Mer*, celle de l'homme contre les éléments. *Quatre-vingt-treize*, celle du droit divin contre la Révolution, du principe girondin contre le principe Saint-Just, personnifiés en Lantenac, Cimourdain et Gauvain.

Nous touchons ici à la façon dont M. Hugo entend l'âme de ses personnages. De même que ses phrases, ses poèmes, ses recueils, ses romans et ses drames sont le développement d'antithèses de plus en plus générales, ses personnages sont presque tous de nature double, comme dimidiés portant en eux la lutte constante ou passagère de deux passions adverses, constitués contradictoirement dans leur âme et dans leur corps, dévoyés par une crise qui retranche leur existence antérieure de leur existence actuelle. Marie Tudor est reine et amante; en Gwynplaine la laideur physique offusque la beauté morale; le forçat 24601 devient en quelques heures le plus noble des hommes, et le sultan Mourad, toujours inexorable à tous, eut un instant pitié d'un porc.

Se bifurquant en de plus générales oppositions, l'antithéisme divise donc toute l'œuvre de M. V. Hugo, des mots aux âmes, du plan d'une anecdote à celui d'un roman en huit cents pages, d'une fable à une trilogie, de la succession des strophes au principe de l'esthétique, qui, exposée dans la préface de *Cromwell*, se résume dans le mélange de deux contraires, le comique et le tragique.

Et de même que les tendances formelles dominantes, que nous devons analyser, aboutissent l'une à des redites profuses, l'autre à une obscurité sentencieuse, la pratique constante de l'antithèse semble avoir laissé des traces nocives en une des tendances caractéristiques de M. Hugo : A force de diviser son attention entre les deux termes contradictoires qu'il oppose sans cesse, de sauter de chaque objet à son opposé, de tout diversifier et de tout confondre, il semble comme si M. Hugo ne peut plus concentrer son activité intellectuelle en un seul point ou en un seul ensemble. La pensée comme la langue du poète se désagrègent par endroits. De là, des hachures de style, l'abus de l'apostrophe, les phrases sans verbe, le style monosyllabique et sibyllin des grands passages. De là, la tendance marquée aux digressions, les dix phrases formant tableau éparses en dix pages, comme en ce merveilleux portrait de la duchesse Josiane nue sur son lit d'argent, dont les membres se profilent écartelés sur tout un énorme chapitre. Enfin toute la bizarre construction des œuvres de prose et de vers, résulté de cette dispersion de la pensée, le manque de proportion d'épisodes comme la bataille de Waterloo dans les *Misérables*, l'air déjeté et fruste des romans et des longues légendes, trop étendus et trop brefs, sans mesure et parfois difformes.

Nous sommes au terme de notre analyse. Comme un mouvement transmis des roues petites aux plus grandes, puis au volant, qui le renvoie à toute la machine et la règle par l'allure qu'il en reçoit, nous avons suivi les trois tendances formelles de l'esprit de M. Hugo, des mots aux péripéties, des péripéties à la psychologie et de là aux conceptions fondamentales des grandes œuvres. Nous avons vu comment des habitudes qui ne paraissaient affecter que le style ont pu être montrées influer sur les gros organes de toute l'œuvre, comment la répétition a simplifié la psychologie, la tendance à l'image facilité l'accès de sujets métaphysiques, l'antithétisme déterminé la composition et l'esthétique. Il nous reste à pénétrer dans ce domaine interne de l'œuvre de V. Hugo, dont nous avons déjà passé les approches, à examiner non plus les paroles, mais leur sens, non la rhétorique mais la matière même qu'elle ouvre, non la loi des développements mais la nature des idées développées, le caractère commun et saillant des scènes, des portraits, des événements et des conceptions, qui donnent lieu à déployer des répétitions, des images et des antithèses.

II

Toute personne familière avec l'œuvre de M. V. Hugo, aura senti à certaines parties, que le nombre, l'importance et l'intensité des idées ne correspond pas à la noble opulence de l'expression. Il arrive que sous l'impérieux flux de paroles l'on découvre le cours mince et lent de la pensée, le pauvre motif de certains passages de bravoure, la psychologie rudimentaire des personnages, l'impuissance des descriptions à montrer les choses ; l'humanité et le monde réels presque exclus de cent mille vers et de cent mille lignes, tout ce dénûment du fond sous la luxuriance de la forme font de l'œuvre du poète un ensemble hérissé et creux, analogue au faisceau massif de tours qu'une cathédrale érige sur une nef vide.

M. V. Hugo a trop souvent recours pour ses fantaisies de style, à cet amas de pensées vulgaires, simples et fausses, que l'on appelle les lieux communs ; il se prête à développer les thèmes empruntés, qui ne sont issus ni de sa pensée, ni de son émotion. Son imagination néglige le plus souvent de puiser immédiatement aux sources vives de l'invention poétique et verse dans le faux et le banal.

Certaines des pièces de vers paraissent dénuées de tout contenu. Elles débutent comme au hasard par un aphorisme quelconque, et continuent au cours des phrases sans que l'on puisse deviner le motif intérieur qui a poussé le poète à écrire.

Une pièce de vers commence ainsi:

Louis quand vous irez dans un de vos voyages
Vers Bordeaux, Pau, Bayonne et ses charmants rivages,
Toulouse la romaine, où dans ses jours meilleurs
J'ai cueilli tout enfant la poésie en fleurs
      Passez par Blois.

D'autres ainsi:

Jules votre château, tour vieille et maison neuve.
Se mire dans la Loire à l'endroit où le fleuve...

Le soir à la campagne, on sort, on se promène...

Et l'on peut joindre à ce groupe de poèmes nuls, une bonne partie des *Orientales*, des premières *Contemplations*, et presque toutes les *Odes et Ballades*, auxquelles il faut ajouter ces développements oiseux à un point stupéfiant, qui tout à coup, dans les œuvres en prose, laissent entre deux chapitres, un vide nébuleux.

Une autre catégorie d'œuvres à laquelle ressortissent la plupart des *Orientales, la Légende des siècles*, une pièce comme *les Burgraves* et un roman comme *Notre-Dame de Paris*, fait se demander par quelle prodigieuse disposition sentimentale, le poète parvient à se faire le porte-voix, presqu'ému, d'une suite de personnes étrangères et mortes, dont il épouse les causes et les passions avec une infatigable versatilité. Il paraît difficile d'admettre qu'il ait pris le *Cri de guerre du Muphti*, *les malédictions du Derviche* pour autre chose que des thèmes indifférents, aptes à de belles variations. S'il parvient dans *la Légende des siècles* à faire passionnément déclamer Dieu, saint Jean, Mahomet et Charlemagne, le Cid, les conseillers du roi Ratbert, des thanes écossais, une montagne et une stèle, on peut en conclure sa grande souplesse d'esprit, et aussi l'intérêt mal concentré, superficiel et passager, qu'il porte à toutes ces ombres et ces symboles. On devine que M. Hugo sait être tout à tous les sujets, et l'on réfléchit que sa faconde verbale même, si l'on y ajoute par hypothèse, une certaine débilité intellectuelle, doit le porter à chercher des thèmes à phrases, dans tous les cycles de l'histoire et de la légende.

Il s'adresse de même fréquemment à ce fonds

commun d'idées humaines qui a produit à la
fois les proverbes, les lieux communs et certaines indestructibles niaiseries. Sur des thèmes
comme ceux-ci : la nature révèle Dieu ; il faut
faire l'aumône ; l'argent que coûte un bal serait
mieux employé en charités ; les riches ne sont
pas toujours heureux ; il faut se contenter de
peu ; les malheurs de l'exil ; il est beau de
mourir pour la patrie, etc. etc., M. Victor Hugo
aime à revenir. Mais où éclate avec une singulière intensité son don de varier à l'infini le
plus rebattu des dires, à faire du bâton le plus
nu, un thyrse divinement feuillé de pampres,
c'est dans la belle série de pièces traitant ce
sujet : nous sommes tous mortels. Que l'on
prenne Napoléon II, le sultan Zimzizimi, dans les
Contemplations, Claire, et ce chef-d'œuvre
Pleurs dans la nuit; ces pièces énormes, tristes
de la farouche ironie des prophètes juifs, tintant le glas de toutes les grandeurs mortelles,
donneront la mesure extrême d'une forme grandiose, et d'une idée banale, d'un thème adventice, pris n'importe où, laissé tel quel, sans
addition originale, mais mis en splendides images,
développé en impérieuses redites, violemment
heurté par le choc des antithèses, déployé en
larges rhythmes, manié et remanié par une
élocution prodigieuse.

En toute occasion, M. Hugo en demeure à des idées vulgaires ou absurdes. La création de la femme lui apparaît comme le travail d'un potier, celle d'une sauterelle comme l'œuvre d'un forgeron. Il proteste contre le suicide, qu'il qualifie de lâcheté, et soutient, contre toutes les statistiques, que l'abolition de la peine de mort et la diffusion de l'instruction diminuent la criminalité (*Quatre vents de l'Esprit*, pag. 87 et 97). Les remords de conscience lui paraissent aussi anciens que le crime. Toute la science humaine (*l'Ane*) se résume en des livres vieux, poudreux et baroques. Il explique le rictus des cadavres par la joie des morts de rentrer dans le grand tout, et la position des yeux des crapauds par leur désir de voir le ciel bleu. Il est inutile d'ajouter à ces exemples. Banal et superficiel en des matières générales, M. Hugo, dans un domaine particulier, digne par excellence d'investigations, — l'âme humaine, — a de même abondé dans l'irréel et le vulgaire.

Sur ce point, les déclarations du poète sont explicites. Dans la préface de *Rayons et Ombres* il se promet, de montrer les hommes tels qu'ils devraient et pourraient être ; dans *les Quatre vents de l'Esprit*, il déclare sa croyance en l'homme entité, égal en tous ses exemplaires et s'applaudit d'abolir les différences qui mettent pourtant l'intervalle d'une espèce zoologique entre deux classes sociales.

Ces deux aveux de principe ont été imperturbablement obéis. Que l'on relise une pièce comme *Dieu est toujours là*; on y verra exposés avec la plus irritante certitude, ces aphorismes; l'été est chaud, le pauvre humble, l'orphelin doux et triste, les chaumières fleuries, le riche charitable, les enfants « innocents, pauvres et petits ». Il n'est d'ailleurs pas dans toute l'œuvre de M. V. Hugo, d'enfants qui ne soient des anges ingénus ou pensifs. Les mères sont tendres, les aïeuls doux. Par *le Regard jeté dans une mansarde*, M. V. Hugo est parvenu à apercevoir une grisette moins réelle encore que celles de Murger. Là

Tout est modeste et doux, tout donne le bon exemple.

Le mouchoir autour du cou fait oublier les diamants possibles. Elle chante en travaillant à des travaux de couture, dont elle réussit à se nourrir et ne court qu'un danger : celui d'être tentée d'ouvrir un Voltaire, situé dans un coin; des oiseaux et des fleurs sont à la fenêtre. Un mendiant, auquel le poète demande comment il s'appelle, répond : Je me nomme le pauvre. Un autre, vivant dans les bois, dit au poète qui le plaint:

...Allez en plaindre une autre.
Je suis dans ces grands bois et sous le ciel vermeil,
Et je n'ai pas de lit, fils, mais j'ai le sommeil
Etc.

Tout ce passage est à lire jusqu'aux vers :

Ainsi tous les souffrants m'ont apparu splendides
Satisfaits, radieux, doux, souverains, candides.

(*Contemplations*, livre V, 2ᵉ vol.).

Quant au Parisien des faubourgs, M. Hugo dit simplement :

Et ce serait un archange
Si ce n'était un gamin.

Cette liste suffit. On peut déjà prévoir quels seront les types plus achevés qu'imaginera un poète auquel les grandes catégories de l'humanité se présentent sous cet aspect. En effet, les notions psychologiques de M. Hugo sont fort simples. Elles lui font concevoir trois sortes d'âmes : celles qui sont unes et nues, invariables pendant toute leur existence factice, nettes de tout mélange, constituées comme une force physique ou un corps simple, par une seule tendance et une seule substance. Ce sont dans ces romans la Dea, de l'*Homme qui rit*, toute pureté, la duchesse Josiane, toute frivolité charnelle, Birkilphedro le perfide; dans *les Travailleurs*, l'hypocrite Clubin, le noble Gilliatt; dans *les Misérables*, Cosette, pure amante, Marius, le jeune premier type ; dans *Quatre-vingt-treize*, le marquis de Lantenac, Cimourdain, « l'effrayant homme juste » ; dans les drames, tous les amoureux d'Hernani à Sanche, et de Dona Sol à Rosa, tous les vieillards de Don Ruy à Frédéric de Hohenstaufen, plus quelques fourbes sans alliage. Toute cette foule, partagée en classes diverses, agit, vit et meurt d'une façon rectiligne, répète les mêmes actes et les mêmes paroles, fait les mêmes gestes et porte les mêmes mines du berceau au cercueil, sans que le poète se soucie de mettre au nombre de leurs composants un grain de la complexité, des contradictions et de l'instabilité que montrent tous les êtres vivants.

M. Hugo n'a pas commis toujours, et entièrement, cette omission. Dans ses principales créatures il a légèrement dévié de cette psychologie congrue, non pourtant sans concilier avec son intuition partielle des complications humaines son amour de la simplicité. Il sépare la vie de ses héros en deux parties, généralement de signes contraires, l'existence avant la crise, celle postérieure, toutes deux unes et cohérentes, mais d'attributs diamétralement adverses. Valjean, odieux et haineux, forçat, passe chez M. Myriel et, peu après, devient le plus angélique des hommes vertueux ; l'inexorable Javert est saisi en un moment de scrupules miséricordieux qui le font se suicider. Charles Quint devient de coureur d'aventures, empereur sérieux, Ruy Blas d'amant-poète, grand ministre. Marion de Lorme amoureuse, n'est plus Marion la courtisane.

Enfin, M. Victor Hugo atteint, au plus bas de sa profondeur, en concevant parfois des âmes géminées, partagées en deux moitiés distinctes et généralement contradictoires, par une absolue fissure, Marie Tudor, reine, est irritée contre son amant, puis se remet à l'aimer, puis commande qu'on le tue, puis le gracie. Cromwell passe de son attitude de mari peureux à celle de chef des têtes-rondes. Gwynplaine est oscillant entre son amour pour Dea et son amour pour Josiane ; M. Gillenormand, entre sa haine des bonapartistes et son affection pour le fils de l'un d'eux. Lucrèce Borgia est maternelle et scélérate ; Triboulet, paternel et proxénète ; Gauvain, inflexible et humain. Cette simple mécanique intellectuelle, résumée en un conflit de deux natures, de deux passions, de deux mobiles, est la plus complexe que M. Hugo ait conçue. Tout l'au-delà de cette humanité chimérique lui est d'habitude inconnu.

La tendance à l'irréel et au superficiel, qui lui fait simplifier et raidir toutes les âmes qu'il décrit, l'amène, par un choc en retour apparemment bizarre, à concevoir la vie comme plus romanesque et plus théâtrale qu'elle n'est. Sachant en gros les catastrophes et les conflits qu'elle peut présenter, ne tâchant pas de pénétrer dans le jeu de petits faits, d'incidents sans portée, de bévues et de hasards dont se composent les grands drames humains, les voyant de haut et de loin, comme un homme qui dans une montagne ne distinguerait pas les assises et dans une tour les moellons, M. Hugo représente la vie par ses gros événements. De là ses romans allant de coups de théâtre en crises de conscience, de situations extrêmes, en soudaines catastrophes, sans que même les interstices soient comblés par des files de petits incidents médiocres et quotidiens, tels que les chroniques et les mémoires nous les montrent exister sous les plus grands remuements de l'histoire. De là son théâtre machiné, sanglant et surtendu dont les péripéties ont tantôt l'air apprêté des effets de M. Scribe, tantôt l'air excessif des fins de drames.

Que ce manque de pénétration, d'analyse, de

souci des dessins, de recherche du vrai sous l'apparent, cette irritante surperficialité qui rend creux les moindres poèmes comme les plus empanachés héros, les grosses catastrophes comme la moindre tirade amoureuse, est chez M. Hugo le résultat non d'un éloignement volontaire de la réalité, mais d'une impuissance fonctionnelle, un fait significatif le montre : la pauvreté d'idées qu'étale le poète en toutes les pièces où il a tenté de développer quelque idée métaphysique donnée comme originale. Rien de plus puéril que sa conception du jugement dernier, exposée à la fin des premières *Légendes*. Pour d'oiseux problèmes débattus par de faibles arguments, *Pensar Dudar* et *Ce qu'on entend sur la montagne* sont à lire. Le déisme développé dans les dernières pièces des *Contemplations* est aussi traditionnel, que le panthéisme de certaines pièces est celui des bonnes gens. Et quant à son idée sur la métempsychose rétributive, rien ne paraîtra plus confus. Il n'est pas en somme, dans toute l'œuvre du poète, des sujets aux péripéties, de la psychologie à la philosophie, une pensée qui ne soit prise à la foule ou aux livres, qui ne doive être tenue pour inadéquate ou mal conçue. S'il est un titre que M. Hugo a usurpé, c'est celui de penseur.

Il est naturel que l'on demande ici comment

un poète chez qui nous avons constaté sous une magnifique élocution des symptômes marqués de débilité intellectuelle, se trouve cependant être un grand artiste. La réponse sera donnée par un nouvel ordre de faits que nous allons développer.

Quand M. Hugo s'est emparé d'une pensée vulgaire, quand il a imaginé une âme sans complications, ou une péripétie sans antécédents, le poète ne s'en tient pas à cette simplicité sans intérêt. Emporté par sa tendance verbale à la répétition qui ne saurait s'exercer qu'en gradation ascendante, par son antithétisme qui réclame des chocs de grandes masses, par l'enivrement des belles images et l'emportement des larges rhythmes, il magnifie toutes choses au point de rendre les plus insignifiantes colossales et tragiques. M. Victor Hugo voit grand. Les plus simples scènes champêtres, une vache paissant dans un pré, des enfants qui jouent, un chêne dans une clairière, une fleur au bord d'un chemin, prennent sous ses puissantes mains de pétrisseur de verbe, une grandeur calme et menaçante, un aspect fatidique et géant, qui émeut intimement. Rien de plus grandiose que sa grâce. Il célèbre dans la *Chanson des Rues et des Bois*, le printemps, le matin, de jolies filles, les nuits d'été, avec une joie énorme. Son vers musculeux se contourne, se dégage et s'élance avec la forte souplesse d'un cable d'acier, tourne à l'hymne dans l'élégie, à la bacchanale dans l'idylle, constamment robuste et magnifique. La grosse bonne humeur de la populace de Paris sous la Convention, un attroupement devant la baraque foraine d'un ventriloque, certains boniments d'Ursus et le délirant épithalame de M. Gillenormand aux noces de Marius et Cosette, sont animés et transportés de la même joie tumultueuse, retentissent en fanfares de cuivre et en chants d'orgue, qui s'exalent aux plus énormes éclats, quand le poète entreprend les grands spectacles et les grandes catastrophes.

Rien de plus démesuré et de déchaîné que certaines de ses tempêtes. Un incendie, celui de la Tourgue, est un flamboiement sublime. Une bataille, comme celle de Waterloo dans les *Misérables*, est un foudroiement de Titans. La charge épique des cuirassiers de Millaud, la panique, les carrés de la garde tenant comme des îlots au milieu de l'écoulement des fuyards, par la nuit tombante, et sous le feu des canons qui la trouent ; cela est inhumain. M. Hugo possède les variétés de la grandeur et les étale magnifiquement partout. Il sait être grandiose simplement dans une langue sculpturale et biblique, en un style fauve et comme recuit aux beaux passages de la *Légende des Siècles*. L'assaut des truands contre Notre-Dame, est d'une truculence fumeuse. Le marquis de Lantenac luttant contre le canon de la « Claymore » est froidement héroïque. La marche de Gwynplaine dans le palais somptueux et muet de Lord Clancharlie parait quelque chose de hagard et d'énorme ; la scène est montrueuse où Josiane, en sa lascive demi-nudité, colle ses lèvres junoniennes à la face tailladée de son hideux amant, et le regarde « fatale », avec ses yeux d'Aldébaran, rayon visuel mixte, ayant on ne sait quoi de louche et de sidéral.

Mais dans tous les livres du poète aucun récit ne monte plus haut au sublime et au tragique que celui où Gwynplaine mené dans le caveau de la prison de Southwark aperçoit le spectacle misérable de Hardquannone soumis à la peine forte et dure. Les sourdes ténèbres du lieu, les vieilles et puériles lois latines psalmodiées par le greffier, les paroles surhumainement graves, adressées par le juge, une touffe de fleurs à la main, à la misérable guenille d'homme devant lui, écartelé nu entre quatre piliers et oppressé de masses de fer, la bouche râlante, la barbe suante, la peau terreuse, muet et les yeux clos, cela est énorme et admirable.

Toute l'œuvre de M. V. Hugo est ainsi grandie

et exaltée par ce don d'amplification. Les personnages y sont des héros ou des monstres : de Javert le « mouchard marmoréen » à Gauvain, le général de trente ans qui possède « une encolure d'hercule, l'œil sérieux d'un prophète et le rire d'un enfant... » Fantine, Mme Thénardier « la mijaurée sous l'ogresse » sont au-delà des deux frontières extrêmes de l'humanité, de même que les guerriers de la *Légende des Siècles* sont plus grands que des statues. Tous les incidents sont des catastrophes, toutes les entreprises héroïques, les passions et les émotions intenses, les intrigues ténébreuses, et les vertus angéliques. S'il est vrai que l'œuvre de M. Hugo correspond à un monde plus simple que le nôtre, elle correspond également à un monde gigantesque, où des rafales aux passions, des arbres aux crimes, de la beauté des cieux à la misère des humbles, tout est plus grand, plus fort, plus magnifique et plus enthousiasmant, qu'en ce globe par comparaison infime.

Mais par dessus ces honneurs et ces monstruosités dont M. Victor Hugo sait faire du sublime, son génie atteint de plus hauts sommets encore dans toutes les scènes auxquelles se mêle un élément de mytère.

Ici son imagination, laissée libre par la réalité, profitant des interstices que la science et l'expérience laissent dans le réseau de leurs notions, usant des terreurs héréditaires que les grands spectacles nuisibles ont déposées dans les âmes, pousse ses plus étranges et ses plus luxuriantes végétations. Le silence glacé d'une nef vide, une cloche béante au repos, une énorme salle de festin où les flambeaux agonisent, une âpre et solitaire gorge de montagne muette sous un soleil surplombant, un burg en ruine, une sombre voûte d'arbres, prennent sous son style un aspect formidablement inquiétant. Une nuit étoilée vue aux heures où tous dorment, le ciel bas d'une soirée d'hiver,

> L'air sanglote et le vent râle,
> Et sous l'obscur firmament,
> La nuit sombre et la mort pâle
> Le regardent fixement,

le bois sombre plein de souffles froids où Cosette, la nuit, va pour chercher un seau d'eau, pénètrent d'une horreur sacrée. M. Hugo est par excellence le grand poète du Noir, et comme son satyre, connaît

> Le revers ténébreux de la création.

Le mystère des germes, la sourde poussée du printemps et l'ascension latente de la sève, les murmures des grandes plaines, la surprise des sources perlantes dans l'ombre, ont leur voyant et leur poète en celui qui a écrit dans les *Misérables* seuls ces trois admirables épisodes : *Choses de la nuit*, *Foliis ac frondibus*, et cette arrivée de Valjean, par une nuit sans lune, dans le jardin du couvent du Picpus, ce jardin silencieux, mort et régulier où « l'ombre des façades retombait comme un drap noir ». Que l'on rapproche de ces grands nocturnes, la descente de Gilliatt dans la caverne sous-marine dont la mer a fait un écrin et un antre, cette voûte, aux lobes presque cérébraux, éclairée d'une lumière d'émeraude, tapissée d'herbes déliées, mouvantes et molles, où roulent des coquillages roses, que frôle le gonflement des vagues, venant polir un noir piédestal où s'évoque « quelque nudité céleste, éternellement pensive, un ruissellement de lumière chaste sur des épaules à peine entrevues, un front baigné d'aube, un ovale de visage olympien, des rondeurs de seins mystérieux, des bras pudiques, une chevelure dénouée dans de l'aurore, des hanches ineffables modelées en pâleur » ; la description des halliers sombres, ces « lieux scélérats » d'où les chouans fusillaient les bleus », et dans l'*Homme qui rit*, ce merveilleux tableau de la baie de Portland par un crépuscule d'hiver, où les côtes blafardes se profilent en contours linéaires, puis encore l'enterrement de Hardquannone, emporté silencieusement à la brune, le glas toquant à coups espacés et discords, et cette molle nuit grise où Gwynplaine, dans l'amertume de son cœur, suit les quais gluants de la Tamise, portant le sourd désir de se suicider ; M. Hugo apparaîtra comme le poète des choses sombres, en qui se répercute et se magnifie tout ce que les hommes appréhendent et redoutent.

Que l'on ajoute encore à toutes ces scènes certains portraits pleins d'ombre et de réticence, dont le plus grand exemple est la silhouette bizarre, sacerdotale et scélérate du docteur Geestemunde, certains ensembles brouillés et confus, la perception subtile du trouble d'une société à la veille d'une émeute, de cet instant des batailles où tout oscille :

> La ligne de bataille flotte et serpente comme un fil, les traînées de sang ruissellent illogiquement, les fronts des armées ondoient, les régiments entrant ou sortant, font des caps ou des golfes, tous ces écueils remuent continuellement les uns devant les autres... les éclaircies se déplacent; les plis sombres avancent et reculent ; une sorte de vent du sépulcre pousse, refoule, enfle et disperse ces multitudes tragiques...

Enfin que l'on considère cette tendance poussée à bout, que l'on fasse l'énumération de tous ces poèmes douteux où M. Hugo tente d'éteindre l'inconnu, de ses questions oiseuses sur les ténèbres métaphysiques, de ses constants efforts à définir l'incertain des problèmes historiques, sociaux, moraux et religieux, de son abus de l'obscurité, de ses appels à une intervention divine, et de sa vision de l'inexplicable dans les plus claires choses; il nous semble que la démonstration est suffisante. S'il est un domaine où M. Hugo soit à la fois fréquent et magnifique, c'est celui du mystérieux, du caché, du crépusculaire, du nocturne. S'il est par excellence celui qui ne sait point voir les choses réelles, il est le familier de leur envers, des terreurs, des appréhensions et du trouble, des fantasmagories et des imaginations, dont les hommes peuplent peureusement l'absence de clarté.

Certains faits contradictoires ne sauraient altérer la valeur de cette induction. Les chapitres réalistes des *Misérables*, ne nous sont pas inconnus, tels que la plaidoirie singulièrement navrante et comique et vraie du père Champ-Mathieu, indigné dans sa stupidité d'être pris pour le forçat Valjean, ni tout l'épisode du petit Picpus, les notes précises sur l'existence des religieuses, la bizarre conversation entre le père Fauchelevent et la mère Supérieure, ni cette excellente figure de M. Gillenormand, ni celle de Thénardier fourbe et féroce. Le faux Lord Chancharlie est historiquement vraisemblable, et de toutes les héroïnes de théâtre, la reine Marie Tudor, se distingue par des passions humaines conçues en termes vrais. Dans certaines poésies même, comme *Mélancholia*, les misères sociales paraissent décrites et déplorées véritablement. Mais ce ne sont point ces parties éparses et sincères qui peuvent caractériser l'œuvre de M. Hugo. Elles montrent que l'organisation intellectuelle de ce poète n'est pas absolument dénuée des propriétés qui constituent le talent d'artistes d'une autre école. Elles ne prévalent point contre les faits universels et caractéristiques, les tendances générales et excessives que nous avons reconnues en cette étude, dont les résultats se résument comme suit : .

En un style fait de répétitions, d'antithèses et d'images, M. Hugo drape des idées soit banales, vulgaires, prises au hasard et partout, soit paraissant, comparées aux objets, plus simples, plus grandes et plus vagues. Cette nullité, cette simplification et ce grossissement du fond, sont unis aux propriétés caractéristiques de la forme non par des relations de causes à effets ou d'effets à cause, mais par un rapport indissoluble qui permet de considérer ces deux ordres de faits comme résultant à la fois d'une cause unique. En effet, toute la richesse du style de M. Victor

Hugo s'associe de telle sorte à la simplicité de ses idées, qu'il reste indécis s'il use de son élocution prodigieuse pour dissimuler la faiblesse de sa pensée, ou si celle-ci s'interdit toute activité dépensée en belles paroles. Le grossissement est joint à la simplicité soit pour la cacher, soit parce qu'un objet vu incomplètement est vu plus en saillie ; il aboutit nécessairement à la répétition ascendante des mots, comme celle-ci au grossissement des idées. Le vague et le mystère de la pensée conduisent à l'emploi des images, et celles-ci facilitent le développement de sujets purement métaphysiques. Les mots s'allient ainsi aux choses en une relation immédiate et essentielle par des actions et des réactions réciproques, qu'il faut tenir en mémoire. C'est par cette synthèse finale, réunissant en un ensemble homogène les éléments que notre analyse a dissociés, que l'on pourra reconstruire logiquement l'œuvre immense de M. Victor Hugo. Une merveilleuse puissance verbale, abondante, fertile, colorée, sans cesse renaissante et variée comme un fouillis de lianes ; sous ce revêtement une pensée simple, nue, énorme, brute et à gros grains, comme un entassement de rocs ; l'on aura là une image approchée des livres du poète, l'enchevêtrement luxuriant de sa forme, sur l'édifice grandiose de ses simples et énormes idées, tout le déploiement de ses livres hérissés et fleuris, érigés en gros blocs friables et mâl assemblés. En cette antithèse fondamentale et inaperçue du poète : la nudité du fond et la richesse de la forme, l'œuvre de M. Victor Hugo se résume.

III

De l'ensemble des faits que nous venons d'établir, il résulte une explication psychologique? En d'autres termes aux anomalies d'expression et de pensée qui sont devenues manifestes au cours de cette étude, pouvons-nous assigner pour cause une ou plus d'une anomalie interne du mécanisme intellectuel connu, qui, admise sur hypothèse, paraisse être à l'origine de tous les caractères marqués de l'œuvre de M. Victor Hugo? Il nous semble que l'on peut répondre par l'affirmative à une question ainsi précisée.

Si nous reprenons les résultats de notre analyse, résumés en ces deux termes : simplicité de la pensée et richesse de la forme, le choix de celui qui précède et détermine l'autre, ne peutêtre douteux. Il n'a jamais paru à personne que les gens d'intelligence simple, soient nécessairement des orateurs copieux, tandis que le contraire semble vrai.

L'opinion commune sur les gens à parole facile, les improvisateurs, les avocats, les bavards, les écrivains de premier jet, démontre en quelque façon que chez les discoureurs abondants on a remarqué une activité intellectuelle moins intense et moins vive relativement. C'est donc de l'examen des facultés orales de M. Hugo (car la psychologie ne distingue pas la parole prononcée de la parole écrite) que nous allons partir, quitte à revenir sur nos raisonnements, si l'explication qu'elles nous auront fournie ne rend pas compte également des facultés mentales du poète.

M. Kussmaul (*Troubles du langage*) expose que l'acte de parler se décompose en trois phases: l'impulsion interne, intellectuelle et émotionnelle; l'expression intérieure; l'expression proférée. Or, nous avons discerné en M. Hugo, dès le début, l'habitude de répéter en plusieurs formules diverses une seule pensée, de sorte que fort souvent dans tout un chapitre et tout un poème, peu d'idées distinctes sont émises. Il semble donc qu'en lui, à une seule impulsion de l'âme, à une conception, à une émotion, à une vision intérieures, correspondent une multitude d'expressions, qui se présentent tumultueusement, s'ordonnent, se rangent et sont issues de suite, tandis que les facultés intellectuelles restent inactives, attendant que ce flux ait passé, pour reprendre leurs fonctions intermittentes. Que l'on admette ce don d'exprimer longuement et de penser peu, de développer magnifiquement et abondamment, le moindre jet d'émotion et d'idées ; que l'on se figure en outre que pendant ces successives rémissions de l'intelligence, M. Hugo porte dans sa conscience non plus des pensées, mais de purs mots ; tout deviendra clair. Un esprit présentant cette anomalie de ne penser guère qu'en paroles, devra s'exprimer en antithèses et en images, devra simplifier et grossir la réalité, devra parfaitement rendre le mystérieux et le monstrueux, en vertu du mécanisme même de notre langage.

Chez lui, chaque idée, au lieu d'en suggérer une autre, de se propager de terme en terme, du début à la fin d'une œuvre, s'étant immédiatement fondue et comme dissipée dans l'abondance d'expressions qu'elle déchaîne, ne subsiste pendant une durée appréciable qu'en mots. Ceux-ci comprennent d'abord les termes propres et synonymes, puis les termes analogues, enfin, et, nécessairement, les termes métaphoriques. De même le poète s'exprime, en effet, par des mots justes, puis par des mots détournés, puis par des images. Et celles-ci étant l'équivalent non de l'idée, depuis longtemps oubliée, mais des premiers mots dans laquelle elle était conçue, il suit qu'elles paraîtront d'habitude imprévues, incohérentes, neuves et curieuses aux personnes habituées à penser en pensées. De même, c'est grâce à ce rapport lointain entre l'image et l'idée que M. Hugo parvient à figurer parfaitement, en apparence, des idées ou abstraites ou impensables, et qu'il se trouve amené à traiter en beaux vers les plus vagues sujets métaphysiques.

La tendance du poète aux antithèses s'explique d'une manière analogue. M. Taine, dans le premier livre de l'*Intelligence ;* M. Lazarus, dans sa monographie sur l'*Esprit et le langage*, montrent que nos mots sont abstraits et absolus Le mot « arbre » ne représente aucun arbre particulier, qui pourrait être de telle grandeur et de telle disposition, mais bien un vague ensemble de masse globulaire verte placée au haut d'un grand tronc gris-brun. Et ainsi délimité, l'arbre se sépare nettement de tout ce qui l'entoure, notamment du brin d'herbe à son pied. Seul un esprit réaliste sentira qu'il n'y a au fond aucune démarcation entre les graminées des petites aux grandes, les ronces, les arbustes, les scions, les petits arbres et les gros. Le mot « homme » de même, que nous nous figurons blanc, pourra être verbalement opposé au mot « bête » que nous imaginons quadrupède et velue; mais en fait, ces mots font abstraction des grands singes marchant souvent debout et la face glabre, ainsi que des peuplades sauvages, les Papouas et les Boschimans, marchant courbés et les bras ballants jusqu'aux genoux, le nez épaté et la face fuligineuse. On peut poursuivre ce travail pour tous les mots anthithétiques, depuis lumière-ténèbres, desquels sont omis les dégradations crépusculaires, jusqu'à matière-esprit, que relient les manifestations de plus en plus subtiles de la force. On verra ainsi que la nature ne contient pas de choses opposables, et que seul le langage crée des mots qui le sont. Que M. Hugo dût s'abandonner à cette tendance anthithétique que les mots eux-mêmes et les mots seuls possèdent, paraîtra naturel à qui aura suivi nos explications.

Nous passons aux facultés mentales du poète. Dans tous les précédents paragraphes, nous avons tenu tacitement pour acquis que la pensée pure de M. V. Hugo n'est ni constamment active, ni analytique, ni appliquée à se conformer exactement à la nature des choses. Les faits que nous avons exposés dans le deuxième chapitre de notre étude justifient cette pétition de principe. Nous avons vu que M. Hugo se plaît à exécuter des variations, parfois extrêmement belles, sur les lieux-communs

-les plus abusés, qu'en de nombreux endroits de son œuvre, il s'inspire visiblement des idées simples et parfois fausses, qui ont cours dans le public sur des sujets familiers. C'est là le procédé d'un homme peu habitué à penser pour son propre compte, prompt à s'emparer de thèmes tout faits pour donner libre cours à sa faculté de parolier. Mais il est un domaine où le vulgaire ne peut même le mal renseigner. C'est celui de l'âme humaine, et ici encore M. Hugo s'en tire par des mots.

Quand on dit, sans trop y songer : un héros, un vieillard, une jeune fille, une mère, nous apercevons vaguement quelque chose de fort net et de fort simple. Un héros est un beau jeune homme brave et rien de plus ; une jeune fille est un être chaste, joli et timide. Qu'un héros n'est souvent ni beau, ni jeune ni même brave ; qu'une jeune fille peut être laide, sensuelle et hardie et tous deux par-dessous cela posséder une cervelle compliquée et retorse, — les mots ne nous le disent pas et l'analyse seule nous l'apprend. M. Hugo s'en tient aux mots ; de là, l'air de famille de ses créatures similaires, et leur psychologie écourtée, qui se borne à assigner à chaque type les tendances convenables et conventionnelles, à rendre les vieillards vénérables et les mères tendres, les traîtres fourbes et les amantes éprises, sans nuance, sans complications et sans individualité, sans rien de ces contradictions abruptes et de ces hésitations frémissantes que présente tout être vivant.

Mais ici, le langage qui a compromis l'œuvre de M. Hugo, la sauve. Si ce poète simplifie la réalité, il la grossit, en vertu de cette même habitude de pensée verbale, qui a façonné son style et ses conceptions. Le mot, s'il ne contient que les attributs les plus généraux, les plus caractéristiques et les plus simples de l'objet qu'il désigne, les porte en lui poussés à leur plus haute puissance. Le mot « chêne » figure un arbre robuste et énorme; le mot « or » rutile plus brillamment que le pâle métal de nos monnaies. Il n'est pas de femme qui soit la femme, ni de pourpre vermeille qui mérite d'être appelée le rouge. Le poète dont toute l'activité intellectuelle se dépense en mots, qui use sans cesse de ces brillants faux jetons de la pensée, ne pourra s'empêcher de voir les choses aussi démesurées que les paroles qui les magnifient. Pour lui, nécessairement, les méchants seront monstrueux, les jeunes filles virginales et les tempêtes formidables. Il ne concevra d'hommes vertueux que saints, d'aurores que radieuses. La brise passant dans les arbres sera pour lui l'haleine du grand Pan, et il soupçonnera des faunes dans les taillis obscurs. Le mot *Napoléon Ier* fera surgir en son âme un fantôme de statue, le mot *Révolution* une lutte de titans, le mot *Liberté* des hommes déliés qui s'embrassent en pleurant. Que ces sentiments, cette façon de penser, d'être ému et d'exprimer, est portée chez M. Hugo à un degré tel qu'elle devient géniale et sublime, la fin de la deuxième partie de notre étude le montre.

Reste le fait qu'entre toutes ces visions grossissantes de la nature, M. Hugo a le plus noblement exalté ses phénomènes crépusculaires et mystérieux. Ici, à son habitude de concevoir les choses aussi énormes que les mots, aucune expérience antagoniste ne s'oppose. Les mots *ombre, antre, nuit*, pris verbalement et portés à leur plus haute énergie, désignent des lieux ou des temps dans lesquels les sens de l'homme sont forcément inactifs, c'est-à-dire ne nous donnent plus aucun renseignement. De même les termes plus abstraits : *mystère, trouble,* l'*éternité,* l'*au-delà*, expriment des entités sur lesquelles nous ne savons rien. Ainsi leur agrandissement n'a pas de bornes comme il en existe pour les mots figurant des objets communs ; dans le domaine du vague, la fantaisie de M. Hugo, laissée sans limites et sans résistance, se meut et se déploie à l'infini, comme s'épand un gaz infiniment élastique, laissé sans pression. Il ne s'occupe pas plus de voir la chose nulle sous le mot peu précis que la chose mesquine sous le mot énorme, la chose complexe sous le mot simple, la chose indéfinie sous le mot absolu, les choses vraies enfin sans désignations répétées et sans images appendues, sous les mots [1].

Certaines tendances subsidiaires de M. Hugo sont expliquées par notre théorie, et la confirment. Est-il maintenant son habitude de désigner les chapitres de ses livres, ses poèmes et ses recueils par les titres métaphoriques, qui ne donnent pas le contenu de l'œuvre; son érudition qui comprend toutes les sciences verbales, la métaphysique, la théologie, la jurisprudence, la philologie, les nomenclatures, et aucune des sciences réalistes et naturelles; sa réforme de la versification, qui a eu pour effet, par l'introduction de l'emjambement, de permettre d'exprimer une idée en plus de mots que n'en contient un

---

[1] Cette explication psychologique, devrait, en bonne méthode être suivie d'une explication physiologique, qui semble possible, pour le cas de M. V. Hugo, bien que les recherches sur les localisations cérébrales soient peu avancées. Si la découverte de M. Brocat était définitive, si la faculté du langage devait avoir pour organe la troisième circonvolution frontale gauche, on pourrait affirmer à coup sûr que cette partie chez le plus merveilleux orateur de l'humanité, doit présenter un développement monstrueux. Mais cette localisation qui paraît juste pour le mécanisme musculaire de la parole, ne peut-être celle du langage. L'alliance des mots et des idées est telle que tout organe pensant doit être en rapport immédiat avec tout organe verbal; c'est là une relation non de masses, mais de cellules (Voir KUSSMAUL, *Op. cit.*).

vers; le résultat même du romantisme qui, parti en guerre au nom de Shakespeare contre l'irréalisme classique, n'a abouti qu'à enrichir la langue française de nouveaux mots ; toute la vie du poète, la mission sacerdotale qu'il s'est assignée, son entrée en lice pour la « révolution » contre le « pape », sa haine des « tyrans » et sa philantropie générale ; tous ces traits résultent du verbalisme fondamental de son intelligence. Son immense gloire de poète national peut être expliquée de même.

M. Hugo est en communion avec la foule, parce qu'il en épouse les idées et en redit, en termes magnifiques, les aspirations. Coutumier comme elle de ne point creuser les dessous des choses, de croire tout uniment qu'il y a des braves gens et des coquins, que tous les hommes sont frères et tous les prés fleuris, que les oiseaux chanteurs célèbrent l'Éternel, que les morts vont dans un monde meilleur, et que la Providence s'occupe de chacun, ralliant les disserteurs de politique par son adoration de quatre-vingt-neuf, les mères par son amour des enfants, les ouvriers par sa philanthropie et son humanitarisme, ne choquant en politique que les aristocrates, en littérature que les réalistes et en philosophie que les positivistes, trois partis peu nombreux, M. Hugo est d'accord avec toutes les intelligences moyennes, qu'il éblouit, en outre, par l'admirable, neuve, et persuasive façon dont il exprime leur pensée. Enfin, et par une cause plus profonde, M. Hugo est d'esprit essentiellement français. Par son habitude de penser des mots et non des objets, de ne point disséquer les âmes et de ne point montrer les choses, il est par excellence du pays du spiritualisme cartésien, du théâtre classique et de la peinture d'académie. Il y a joui de l'énorme bonheur de ne différer de ses contemporains et de ses compatriotes que par la forme où il a jeté des idées traditionnellement nationales. Cette innovation est à la fois glorieuse et pardonnable. L'inverse ne l'est point, comme le démontre l'impopularité de l'*Éducation sentimentale*, de la *Tentation de saint Antoine*, des œuvres de Stendhal et de Baudelaire.

Ici notre étude finit. D'une œuvre infiniment complexe, dont les propriétés saillantes ont été résumées en exemples, nous avons extrait quelques caractères généraux, ceux-ci ont été repris en un couple fort clair et fort simple de tendances universelles; celles-ci en un fait psychologique absolument net. Il ne faut pas que cette explication qui, comme tous les principes, paraît moindre que les effets causés, fasse illusion sur la beauté et la grandeur de l'œuvre de M. Hugo. A l'intersection de deux lignes on mesure aisément leur angle; mais que ces côtés soient prolongés à l'infini, ils comprendront l'infini. De même l'œuvre de M. Hugo, dont nous avons résumé en quelques mots l'essence, demeure une des plus énormes qu'un cerveau humain ait enfantées. Que l'on suppose jointe à la faculté verbale qui l'a produite, les facultés analytiques et réalistes d'un Balzac, la grâce d'un Heine, ce serait Shakespeare ; que l'on joigne encore à cette intelligence reine, la pensée encyclopédique d'un Gœthe, l'on aurait un poète transcendant, qui porterait en sa large cervelle toutes les choses et tous les mots. Être de cet ensemble inouï un fragment notable, suffit à la gloire d'un homme.

LES ROMANS

DE

M. EDM. DE GONCOURT [1]

Dans une famille de vielle richesse bourgeoise, et de hautes charges militaires, sous la galante et faible tutelle d'un grand-père épris, l'éveil d'âme d'une petite fille, sa vie de dignitaire minuscule dans l'hôtel du ministère de la guerre ; la naissance de son imagination par la musique, les lectures sentimentales, et cette précoce surexcitation que causent dans une cervelle à peine formée les exercices religieux préparatoires à la première communion, — l'esquisse de ses passionnettes et de ses amourettes, — puis le développement de la jeune fille fixé en ces moments capitaux: la puberté, le premier

[1] *Revue Indépendante*, mai 1884.

bal, la révélation des mystères sexuels, — enfin l'étude, en cette élégante, de tout le raffinement de la toilette, des parfums du corps et des façons mondaines, — son affolement de ne pas se marier, le léger hystérisme de sa chasteté, l'anémie, une lugubre lettre de faire part, — en ces phases se résume le récent roman de M. de Goncourt, le dernier si l'auteur maintient, pour notre regret, un engagement de sa préface. Dans ce livre, M. de Goncourt a de nouveau consigné toutes les originales beautés de son art, l'acuité de sa vision, la délicatesse de son émotion et la science de sa méthode, la sorte particulière de style qui procède de cette sorte particulière de tempérament. Avec les trois œuvres qui l'ont précédé, jointes aux romans antérieurs des deux frères, il semble que l'on peut maintenant définir, en ses traits essentiels, la physionomie morale de l'auteur de *Chérie*, le mécanisme cérébral que ses écrits révèlent et dissimulent, comme un tapis de fleurs la terre.

I

Il est en M. de Goncourt trois prédispositions originelles, sans lien nécessaire qui les relie : physiologique, intellectuelle, émotionnelle, affectant les trois départements principaux de son organisation psychique, qui, démontrées, peuvent suffire à l'analyse et à l'explication de cet artiste.

Ses livres, chaque chapitre de ses livres, plusieurs paragraphes de chaque chapitre sont constitués par le récit de faits positifs, précis, particularisés, par des observations, des anecdotes, un geste, une physionomie, une mine, une locution, une attitude ou un incident. Ces faits nus, ou accompagnés de considérations et de narrations, qu'ils résument et qu'ils prouvent, ces faits soigneusement choisis, renseignant sur toutes les phases des personnages, arrivant aux moments essentiels de leur vie fictive, forment toute la contexture des romans de M. de Goncourt, sans lien presque qui les aligne, sans transition qui les assemble et les dénature par une relation logique. Et de ces éléments ténus mais rigides, comme les pierres d'une mosaïque, M. de

Goncourt sait user avec un art et des résultats merveilleux.

Il excelle, à un tournant de sa fabulation, à un moment psychologique de ses personnages à montrer cette évolution et cette transformation par un fait brutal, net, dont la conclusion est laissée à tirer au lecteur. Telle est la scène où la Faustin, surexcitée par le rôle qu'elle essaie d'incarner, à la veille de son exalté amour pour lord Annandale, tombe presque entre les bras d'un maître d'armes en sueur; telle encore cette conversation érotique que Chérie, à la campagne, par une après-midi torride, ses sens près de s'éveiller, surprend de sa fenêtre, entre deux filles de ferme. C'est par une suite d'incidents et de tableaux de ce genre que M. de Goncourt dépeint en leurs moments caractéristiques de larges périodes de l'existence de ses créatures, l'enfance de Chérie et l'enfance de celle qui sera la fille Élisa, la vie errante des frères Zemganno avant leurs débuts à Paris, et la vie amoureuse, traversée d'inconscients regrets, de la Faustin au bord du lac de Constance. Par ces faits menus ou longs à décrire, il montre les états d'âme permanents ou passagers de ses personnages,— par ces mains de Gianni travaillant machinalement à déranger les lois de la pesanteur, l'absorption momentanée du saltimbanque cherchant un tour inouï, — par ce réglisse bu dans un verre de Murano, la nature populaire et raffinée de la Faustin.

Il lui faut des faits pour prouver ses assertions générales, le désir qu'ont les menuisiers de ne travailler que pour le théâtre, une fois qu'ils ont goûté de cette gloriole, pour montrer la séduction que celui-ci exerce sur tout ce qui l'approche; des faits pour trait final à une analyse de caractère, ou à la notation d'un changement moral ; la mère des Zemganno appelée en justice, ne voulant témoigner qu'en plein air, pour montrer le farouche amour de la bohémienne pour le ciel libre ; pour représenter la modification produite en Chérie par sa puberté, décrire en détail la gaucherie et la timidité subite de ses gestes. Par une méthode contraire M. de Goncourt fait précéder une considération générale de la série de faits qui l'étayent, décrivant les fougues d'Élisa de maison en maison, pour déterminer en une généralisation l'inquiétude errante des prostituées.

Des faits encore, déguisés sous une conversation, jetés en parenthèse, arrivant comme par hasard au bout d'une phrase, servent à caractériser ces personnages fugitifs qui ne traversent qu'une page, à décrire un lieu, à spécifier une sensation par une comparaison, à montrer en raccourci l'aspect et les êtres d'un salon, à noter le paroxysme d'une maladie ou l'affolement d'une passion, à marquer les réalités d'une répétition, la physionomie d'un souteneur, l'aspect particulier d'un public de cirque à Paris, le débraillé d'un cabotin, la colère d'une atrice ou d'une petite fille ; et, dans cette profusion de notes, d'anecdotes, d'incidents, de gestes et de mines, il en est que l'auteur nous donne par surcroît, sans nécessité pour le roman, comme une bonne partie des premiers chapitres de la Faustin, comme ce souriant récit où Mascaro, le fantastique et vague serviteur du maréchal Handancourt, emmène Chérie dans la forêt « voir des bêtes », et sous les grands arbres précède la petite fille émerveillée, faisant chut de la main sur la basque de son habit noir.

Que l'on réfléchisse que cette méthode où le fait concret et caractéristique prime le général, que M. de Goncourt parmi les romanciers observe seul scrupuleusement, est celle des sciences morales modernes, qui l'ont prise aux sciences naturelles ; que M. Taine ne procède pas autrement dans ses *Origines*, M. Ribot dans son *Hérédité*, les sociologistes anglais dans leurs admirables travaux. Par son réalisme exact, par ses notes mises sous les yeux du public, par ses déductions avec preuves à l'appui, et ses caractères établis sur leurs actes, M. de Goncourt a pu accomplir pour des milieux et une époque restreints, des livres d'enquête sociale qui flottent entre l'histoire et le recueil de notes psychologiques. Il a fait faire un pas de plus que ses contemporains, à l'évolution scientifique du roman. Il a acquis quelques-uns des caractères qui différencient les livres de science des livres d'art. Ses renseignements, les faits qu'il cite, pris de tous côtés, font que ses créatures sont plutôt des types que des individus, sont plus instructives que vivantes, plus générales et diffuses que particulières, sont plutôt les exemples d'un genre que des individus saisis et étudiés à part. Et grâce à son habitude d'accorder le pas à ses observations sur ses idées générales, à ne point plaider de cause et à ne pas émettre de considérations sur la vie, M. de Goncourt a pu se tenir à égale distance de ces philosophies nuisibles à toute vue exacte de la vie, et antiscientifiques : l'optimisme et le pessimisme. Il s'est contenté d'observer, de noter et de résumer, sans conclure, sans se rallier à l'une des deux moitiés de la conception de la vie, sans que sa sagacité ou son coup d'œil soient altérés par une théorie préconçue nécessairement fausse parce que partielle. Par cette rare impassibilité, il est resté aussi apte à relever les faits caractéristiques de la gaie et jolie enfance d'une petite fille riche, que de la corruption d'une fille entretenue, ou de l'idiotie progressive d'une prostituée qu'écrase peu à peu le perpétuel silence du régime cellulaire.

II

Mais de même que parmi les faits multiples que présentent les choses et qui constituent les sciences, certains sont attirés à l'étude de la matière morte, certains autres à celle du monde organique, et parmi ces derniers certains par la matière vivante en ses éléments, certains par les ensembles que forment ces unités, il intervient chez les hommes de lettres réalistes un biais individuel, une prédisposition de l'œil à voir, une aptitude de la mémoire à retenir, un ordre de faits particulier, un caractère dans les phénomènes, un moment dans les physionomies, les gestes, les émotions, les âmes. Et de l'effort que chaque artiste fait à rendre ce qui le frappe et le touche, provient son style individuel, la particularité de son vocabulaire et de sa syntaxe, qui révèle le plus sûrement la qualité intime de son intelligence.

Si l'on compare l'aspect particulier sous lequel M. de Goncourt voit les paysages, les intérieurs, les gens, les physionomies, les attitudes, les passions, la nature psychologique de ses personnages préférés, on extraira de cette collection, la notion d'un artiste épris de mouvement, notant la vie dans son évolution, les visages dans leurs transformations, les émotions dans leurs conflits, chaque âme dans sa diversité.

Dans le spectacle des paysages, des vues urbaines, des objets forcément immobiles, il perçoit le caractère mouvant et variable, les vibrations de la lumière, les variations du jour, le frisson passager de l'air. La forêt où Chérie, enfant, se promène, est décrite en ses murmures, l'ondoiement de ses branches, les sautillements de la lumière sur le sol, les fuites d'une bête effarée. Le paysage morne où s'élève la prison de Noirlieu est rendu non par ses formes mais par le fleuve *pâle* qui le traverse, sa plaine *crayeuse*, son *étendue blafarde*, la *lumière écliptique* qui le glace. Dans le foyer du cirque où les frères Zemganno attendent avant d'entrer en scène, les objets se diffusent sous les rayonnements que note l'auteur :

C'étaient et ce sont sur ces tableaux rapides, sur ces continuels déplacements de gens éclaboussés de gaz, ce sont en ce royaume du clinquant, de l'oripeau, de la peinturlure des visages, de charmants et de bizarres jeux de lumière. Il court par instants sur la chemise ruchée d'un équilibriste un ruissellement de paillettes qui en fait un linge d'artifice. Une jambe dans certains maillots de soie vous apparaît en ses saillies et ses rentrants, avec les blancheurs et les violacements du rose d'une rose frappée de soleil d'un seul côté. Dans le visage d'un clown entouré de clarté, l'enfarinement met la netteté, la régularité et le découpage presque cassant d'un visage de pierre.

Pour les portraits, l'aspect, la physionomie des gens dont l'auteur peuple ses pages, ce qu'il évoque c'est non une énumération de traits au repos, le catalogue d'un visage et d'un corps, mais leur mouvement, leur attitude instantanée, leur figure surprise en un changement ou une révulsion. Par une vision particulière pareille en son effet, à ces fusils photographiques, qui décomposent le vol d'une chauve-souris et le saut d'un gymnaste, M. de Goncourt arrête le portrait de la sœur de la Faustin, au sortir d'une crise hystérique, dans sa promenade nerveuse par une salle de fin de dîner, — décrit Chérie montant un escalier et, « balançant sous vos yeux l'ondulante et molle ascension de son souple torse ». Dans un cheval blanc promené le soir aux lumières dans un manège, il saisit « un flottement de soie au milieu duquel s'apercevaient des yeux humides ». C'est la démarche

d'Elisa partant en promenade, qu'il nous donne,
« avec son coquet hanchement à gauche », « l'ondulation de ses reins trottinant un peu en avant de l'homme, la bouche et le regard soulevés, retournés vers son visage. » Mais c'est dans les *Frères Zemganno* qu'éclate cet amour de la vie corporelle, ce penchant à peindre des académies en mouvement, suspendues à l'oscillation d'un trapèze, dardées dans l'allongement d'un saut, glissant sur une corde, disloquées dans une pantomime, emportées et fuyantes dans le galop d'un cheval.

Et comme M. de Goncourt rend l'action d'un corps plutôt que son dessin, il note des changements de figure, des mines plutôt que des visages. Il peint, en la Tomkins, « des yeux gris qui avaient des lueurs d'acier, des clartés cruelles sous la transparence du teint »; en Chérie, « l'animation, le montant, l'esprit parisien »; « l'ébauche de mots colères crevant sur des lèvres muettes », pour les traits convulsés de la détenue Élisa. La physionomie de la Faustin lui apparaît tantôt dessinée en ombres et méplats lumineux, par une lampe posée près de son lit, tantôt s'assombrissant, se creusant sous une émotion tragique :

> Subitement sur la figure riante de la Faustin, descendit la ténébreuse absorption du travail de la pensée ; de l'ombre

emplit ses yeux demi-fermés ; sur son front, semblable au jeune et mol front d'un enfant qui étudie sa leçon, les protubérances, au-dessus des sourcils, semblèrent se gonfler sous l'effort de l'attention ; le long de ses tempes, de ses joues, il y eut le pâlissement imperceptible que ferait le froid d'un souffle, et le dessin de paroles, parlées en dedans, courut mêlé au vague sourire de ses lèvres entr'ouvertes.

M. de Goncourt a le sens et le rendu des gestes caractéristiques. Il sait l'adroit et caressant coup de main que donne une jeune fille sur la jupe de sa voisine, « l'allée et la venue d'un petit pied bête » d'une femme hésitant à dire une idée embarrassante et saugrenue, le rapide gigottement du coude d'une actrice éclatant d'un fou rire, et le geste de colère avec lequel, désespérant de trouver une intonation, elle tire les pointes de son corsage.

Et cette perpétuelle vision de mouvements physiques, ces physionomies changeantes, ces bras remuants, ces muscles frissonnants sous l'épiderme, toute cette vie qui s'agite dans les pages descriptives de M. de Goncourt, secoue et précipite les passions de ses personnages, accélère leurs conversations en ripostes serrées de près, fait voler leur esprit, emporte leurs actes, varie leurs humeurs. L'on assite aux tâtonnements d'un gymnaste cherchant un tour entrevu ; à la brillante et heureuse folie de son succès ;

aux révoltes cabrées d'une fille à moitié maniaque, à son « hérissement de bête » devant la porte de sa prison, à l'alanguissement graduel de sa volonté meurtrie et matée. Ce que M. de Goncourt nous montre, ce sont les colères d'une petite fille gâtée, se roulant par terre dans la rage d'une soupe ôtée; l'affollement d'une jeune femme mourant de sa chasteté, et courant à la quête d'un mari; l'état d'âme inquiet et alangui d'une actrice entretenue, élaborant un rôle de grande amoureuse, se jetant dans le plus poétique et le plus émouvant amour, abandonnant le théâtre, puis reprise par lui, récupérant ce coup d'œil aigu d'observatrice qui la fait inconsciemment mimer la mort de son amant.

Et par une conséquence logique ce sont des âmes capables de ces variations, de ces emportements, de ces sautes, que M. de Goncourt s'applique à peindre, des âmes diverses, plastiques à toutes les sensations, désarticulées et nerveuses, sans constance et sans unité, sans rien qui les raidisse, les soutienne et les cimente, des âmes de demi-artistes, des âmes de premier mouvement, soudaines, ductiles et fougueuses. Conduit par son réalisme à l'étude d'une basse prostituée, d'ailleurs rétive et passionnée, il n'a fait depuis que des créatures fantasques et charmantes, des clowns bohémiens, une actrice, une jeune fille jolie, coquette et gâtée, des êtres changeants comme un ciel de printemps, extrêmes, ondoyants, d'une nature atrocement difficile à décrire et à montrer.

De ce goût pour la vie, de ce perpétuel et paradoxal effort à rendre le mouvement avec des mots figés et une langue plus ferme que souple, de cette artistique quadrature du cercle, provient le singulier style de M. de Goncourt. Il a dû recourir au néologisme pour noter des phénomènes qu'il a bien vus le premier. Le frisson même que lui causait le spectacle des choses, l'a fait employer des locutions de début, qui donnent comme un coup de pouce à la phrase, ces « et vraiment » ces « c'était ma foi », ces « ce sont, ce sont » qui marquent la légère griserie de son esprit au moment de rendre une nuance fugace, une sensation délicate. Il s'accoutume à forger des substantifs avec des adjectifs déformés, parce que l'accident, la qualité qu'exprime l'adjectif lui paraît plus importante que l'état, rendu par le substantif. Il recourra à d'interminables énumérations pour décrire tous les multiples aspects d'un ensemble. Il aura le plus riche vocabulaire de mots frémissants, colorés, pailletés, étincelants et reluisants, pour exprimer ce qu'il voit aux choses d'éclairs et de rehauts. Enfin il inventera ces étranges phrases disloquées, enveloppantes comme des draperies mouillées, mouvantes et plastiques qui semblent s'infléchir dans le tortueux d'une route : « Enfin l'omnibus, déchargé de ses voyageurs, prenait une ruelle tournante, dont la courbe, semblable à celle d'un ancien chemin de ronde, contournait le parapet couvert de neige d'un petit canal gelé » ; des phrases compréhensives donnant à la fois un fait particulier et une idée générale, des phrases peinant à noter ce que la langue française ne peut rendre et devenant obscures à force de torturer les mots et de raffiner sur la sensation :

> Ils savouraient la volupté paresseuse qui, la nuit, envahit un couple d'amants dans un coupé étroit, l'émotion tendre et insinuante, allant de l'un à l'autre, l'espèce de moelleuse pénétration magnétique de leurs deux corps, de leurs deux esprits, et cela, dans un recueillement alangui et au milieu de ce tiède contact qui met de la robe et de la chaleur de la femme dans les jambes de l'homme. C'est comme une intimité physique et intellectuelle, dans une sorte de demi-teinte où les lueurs fugitives des reverbères passant par les portières, jouent dans l'ombre avec la femme, disputent à une obscurité délicieuse et irritante sa joue, son front, une fanfiole de sa toilette et vous montrent un instant son visage de ténèbres, aux yeux emplis d'une douce couleur de violette.

C'est dans la notation de ces sentiments ténus, délicieux et troubles qu'éclate la maîtrise de M. de Goncourt, dans le rendu tâtonnant, repris, poussé, flottant et enlaceur de ces mouvements d'âme vagues et inaperçus de tous, dans la description de l'ivresse languissante que causent à Chérie la musique ou un effluve de parfums, dans la sorte d'extase hilare de deux clowns tenant un tour qui stupéfiera Paris, dans la vague stupeur d'âme qui vide peu à peu la cervelle d'une prisonnière histérique. Grâce aux infinies ressources de son style et au biais particulier de sa manie observante, il est parvenu à saisir quelques-uns des faits profonds et obscurs de notre vie cérébrale. L'organisation de ses sens et de son style ressemble à ces instruments infiniment complexes mais infiniment sensibles de la physique moderne qui saisissent des phénomènes et permettent des approximations inconnues aux anciennes machines. Et qui voudrait se plaindre de cette délicate complexité, cause et condition d'une science plus vraie ?

III

A ce sentiment vif et pénétrant de la vie en acte, de ses remuements physiques et des ses agitations morales, à cette recherche appliquée et reprise de l'enveloppement du fait par la phrase, se joint en M. de Goncourt le goût particulier d'une certaine sorte de beauté, qu'il recherche avidement. et rend amoureusement, dont l'attrait l'a guidé dans ses courses de collectionneur, dans la- détermination des sujets et des scènes de la plupart de ses romans : le goût passionné du joli. Ce penchant qui le conduisit à recueillir les dessins du xviii° siècle, à étudier en toutes ses faces et à faire revivre en son entier cette époque de la grâce française, qui lui fit aimer dans les objets du Japon leur puérilité, l'ingénu et l'impromptu de leur art, pénètre et détermine ses œuvres d'imagination, leur infuse comme une nuance et un parfum à part, les farde et les poudre.

A une époque où le souvenir du romantisme remplit les romans réalistes et les scènes brutales, de grands chocs tragiques et sanglants, de raffinements maladifs, M. de Goncourt a conservé le sens des choses naturellement charmantes, de la poésie dans les incidents journaliers, des âmes délicates de naissance, de ce qui est vif, simple et gai. Il sait goûter la malice d'une vieille pantomime italienne et en inventer de poétiques pour ses clowns, rendre la douceur de gestes et de caractère d'un soldat, ancien berger, la grâce native d'une actrice naturellement fine, s'arrêter aux idylliques visions enfantines qui fleurissent la folie d'une vieille idiote. Mais où le sens du joli éclate, c'est dans son nouveau livre, dans cette charmante étude de l'éclosion féminine qui forme la première moitié de *Chérie*, dans le geste mutin d'une petite fille perchée sur sa chaise et éventant sa soupe de son éventail ; dans la gaie répartie du maréchal consolant Chérie de s'apitoyer sur la douleur des parents des perdreaux servis à table ; dans la scène du baptême de la poupée ; dans l'inquiet effarement d'une troupe d'enfants enfermés dans les combles ; dans la bienveillante et aimable idée qu'a la maréchale de greffer sur les églantiers de de la forêt de Saint-Cloud les roses du jardin impérial. Personne ne pouvait mieux rendre les légers et coquets caprices d'une âme de fillette, la demi-pâmoison d'une femme amoureuse, la longue douceur de la passion satisfaite :

En la paix du grand hôtel, au milieu de la mort odorante de fleurs, dont la chute molle des feuilles, sur le marbre des consoles, scandait l'insensible écoulement du temps, tandis que tous deux étaient accotés l'un à l'autre la chair de leurs mains fondue ensemble, des heures remplies des bienheureux riens de l'adoration passaient dans un *far-niente* de félicité, où parler leur semblait un effort. Et c'étaient de douces pressions, un échange de sourires paresseux, une volupté de cœur toute tranquille, un muet bonheur...

Et il arrive pourtant à ce décriveur des joliesses et des bonheurs, à ce réaliste qui sait parfois être gaminement gai, d'être attiré par le fantastique et le crépusculaire que montre parfois la vie parisienne, par l'existence excessive et mystérieuse de la Tomkins, l'afféterie voluptueusement macabre de Mme Malvezin. Que l'on relise surtout dans *La Faustin*, après les vues rembranesques des répétitions diurnes à la Comédie-Française, et la sinistre fin de dîner des auteurs dramatiques, les scènes ou apparaît l'honorable Selwyn, puis cet acte cruel du dénouement égal en puissance terrifiante à la *Ligeia* de Poë, — *La Faustin* imitant devant une glace, par une nuit d'automne, le rictus de son amant moribond. Jamais réaliste ne s'est avancé plus loin au bord de la vérité, à la rencontre de la grande poésie.

C'est cette intervention de la fantaisie dans le choix des incidents, cet amour du joli dans les choses et dans les gestes, du mystère pour certaines scènes et certains personnages, qui finalement caractérise le mieux l'art de M. de Goncourt. De là les paillettes, l'ingéniosité, le coloris adouci et pimpant de son style, la fréquence des scènes élégantes et des personnages point abjects, le contournement amoureux de sa phrase, la gaieté de son humeur, et la tendresse de son émotion. De là aussi, de son goût du bizarre et du fantastique, les soubresauts de son récit, la terrible nervosité des derniers chapitres de *La Faustin* et de *Chérie*, ces agonies atroces, ces scènes nocturnes traitées à l'eau-forte, ces personnages ambigus et gris, le mystère de certains de ses dévoilements, la richesse barbare de certains de ses intérieurs.

M. de Goncourt est comme au confluent de deux esthétiques. Il a gardé beaucoup de sa fréquentation de l'ancienne France, de la France de Diderot et de Mlle de Lespinasse. Mais il a été conquis aussi par le romantisme septentrional qui nous a envahis, par Poë, de Quincey, Heine, par ce que Balzac a innové. De cet amalgame est fait le charme et le heurt de son œuvre, ce par quoi elle nous séduit et nous terrifie.

Et maintenant cette analyse terminée, il faut imaginer que le mécanisme cérébral dont nous avons essayé d'isoler et de montrer les gros rouages, est vivant et en marche, possédé par une créature humaine, constitue en son engrènement et son travail une unité indivise, la pensée, la raison et le génie d'un artiste et d'une personne. D'un seul coup, et sans les distinctions innaturelles que nous avons établies, M. de Goncourt est à la fois chercheur de petits faits caractéristiques et précis, frappé par les aspects mouvementés des êtres et des choses, ému par ce qu'il y a en ces phénomènes de joli, de délicat, de rare, de bizarre, d'un peu fantastique. Ce penchant réagit sur le choix de ses documents humains, de ses sujets, de ses personnages ; ce souci de l'exactitude le pousse à donner des visions nettes de mouvements et de jolités ; l'habitude de l'observation, son ouverture d'esprit à tous les phénomènes de la vie, le garde de tomber dans la mièvrerie ou le pessimisme : la recherche d'émotions délicates le préserve habituellement de s'appliquer à l'étude des choses basses, des personnages laids ou nuls, limite sa vision des phénomènes psychologiques, l'éloigne de concevoir des caractères uns, individuels et constants, colore et énerve sa langue, atténue ses fabulations, rend ses livres excitants et fragmentaires. Ajoutez encore à ces anomalies individuelles d'organisation cérébrale, les caractères généraux de toute âme d'artiste et d'écrivain, la vive sensibilité, le don plastique du mot expressif, le don dramatique de la coordination des incidents, l'infinie ténacité de la mémoire pour les perceptions de l'œil, toutes les multiples conditions qui permettent de réaliser cette chose en apparence si simple, un beau livre. Enfin le possesseur de cette curieuse intelligence, il faut le figurer jeté dès sa jeunesse, avec son frère et son semblable, dans les remous de la vie parisienne, promenant l'aigu de son observation, la délicate nervosité de son humeur, dans le monde des petits journaux, des cafés littéraires, des ateliers, dans les grands salons de l'empire, habitant aujourd'hui une maison constellée de kakémonos et rosée de sanguines, le cerveau nourri par une immense et diverse lecture : à la fois érudit, artiste et voyageur, au fait de l'esprit des boulevards, de celui de Heine et de celui de Rivarol, instruit des très hautes spéculations de la science, l'on aura ainsi la vision peut-être exacte, en ses parties et son tout, de cet artiste divers, fuyant exquis, spirituel, poignant, solide, — l'auteur des livres les plus excitants et les plus suggestifs de cette fin de siècle.

PAGES RETROUVÉES [1]

PAR EDMOND ET JULES DE GONCOURT

Dans ce livre M. de Goncourt a réuni ses articles de journal et ceux qu'ils a faits avec son frère. Il suffit de dire que presque toutes ces *Pages retrouvées*, sont des morceaux de bonne ou de haute littérature, pour marquer la différence entre les feuilles d'il y a une trentaine d'années et celles de la nôtre. C'étaient en effet des gazettes bizarres celles où les Goncourt faisaient paraître, vers 1852, les chroniques et les nouvelles qui formèrent depuis la *Lorette*, une *Voiture de masques* et le présent volume. Si l'on feuilletait l'une d'elles, le *Paris* de 1852, on verrait un journal quotidien du format du *Charivari* publiant

[1] *Revue Contemporaine*, mars 1886.

tous les jours une lithographie de Gavarni et encadrant cette gravure d'un texte écrit parfois par des gens ayant de la littérature. M. Aurélien Scholl fit là ses débuts ; il était alors d'un pessimisme furibond et faisait précéder ses chroniques toutes en alinéas, d'épigraphes naïvement latins ou grecs. Le numéro était une fois par semaine rempli tout entier d'une fantaisie de Banville, et pour montrer à quel point on laissait ce poète hausser le ton coutumier de journaux, nous citerons de lui cette magnifique phrase, dont le pendant ne se trouvera guère dans nos quotidiens : « Ainsi dans le calme silence des nuits, aux heures où le bruit que fait en oscillant le balancier de la pendule, est mille fois plus redoutable que le tonnerre, aux heures où les rayons célestes touchent et caressent à nu l'âme toute vive, où la conscience a une voix, où le poète entend distinctement la danse des rhythmes dégagés de leur ridicule enveloppe de mots, à ces heures de recueillement douloureuses et douces, souvent, oh ! souvent, je me suis interrogé avec épouvante, et j'ai tressailli jusque dans la moelle des os. Et quand on y songe qui ne frémirait, en effet, à cette idée de vivre peut-être au milieu d'une race de dieux implacables parmi des êtres qui lisent peut-être couramment dans notre pensée, quand la leur se cache

pour nous sous une triple armure de diamant !
Quand on y songe... Le mystère de l'enfantement leur a été confié et peut-être le comprennent-elles... Peut-être y a-t-il un moment solennel où si le mari ne dormait pas d'un sommeil stupide, il verrait la femme tenir entre ses mains son âme palpable et en déchirer un morceau qui sera l'âme de son enfant... »

Les Goncourt faisaient de même des numéros entiers du *Paris*, qui ne contenait alors, outre le feuilleton et le Gavarni, qu'une nouvelle comme les admirables *Lettre d'une amoureuse*, et *Victor Chevassier*.

Ils annonçaient alors un roman qui n'a jamais paru, le *Camp des Tartares* ; ils faisaient des comptes rendus de théâtre (le *Joseph Prudhomme* de Monnier à l'Odéon), des notes bibliographiques; parfois même ils chroniquaient tout simplement comme dans leur *Voyage de la rue Lafitte à la Maison d'Or*, et une citation gaillarde les menait en police correctionnelle.

C'était cependant un temps encore aimable ; les annonces du *Paris*, ces annonces documentaires qui rendront précieuses aux historiens futurs les quatrièmes pages de nos journaux, sont encore amusantes à lire.

Une réclame de parfumerie se termine par une citation de Martial ; le « plus de copahu » est déjà le cri de ralliement des médecins de certaines maladies, qu'on appelait si poliment alors des maladies confidentielles ; un journal contemporain publie « les mémoires de M^mo Saqui, première acrobate de S. M. l'empereur Napoléon Ier ; » un restaurateur de la rue Montmartre promet « pour 1 fr. 50 un repas comprenant : potage, 4 plats, 3 desserts et vin ; » enfin, un chocolatier encore ingénu libelle ainsi sa réclame : « La confiserie hygiénique fabrique deux sortes de chocolat : l'un qui est sa propriété exclusive a reçu le nom de chocolat bi-nutritif, parce qu'il contient des aliments alibiles empruntés au jus de poulet, et rendus complètement insipides. »

On se targuait surtout au *Paris* d'avoir de la fantaisie, et visiblement Henri Heine était un peu le génie du lieu. Les Goncourt aussi subirent cette admiration. *Une nuit à Venise* est bien une fantaisie à la manière des Reisebilder, et le *Ratelier* aussi, sans doute avec cet alliage de minutie et de vision scrupuleuse qui marque dans la *Maison d'un vieux juge* les romanciers de Germinie Lacerteur.

Pages retrouvées se terminent par plusieurs articles de M. Edm. de Goncourt entre lesquels il faut citer celui sur M. Théophile Gautier. Nous ne connaissons pas de portrait plus évocateur et plus animé, gesticulant et parlant, traversé d'onde, de vie et de pensée, plus délicatement modelé par la sympathie des souvenirs exacts. Ce portrait est une des plus belles pages de ce siècle. Il mérite de compter entre Charles Demailly et la Faustin.

J. K. HUYSMANS [1]

C'est l'histoire d'un frêle et exceptionnel jeune homme, prise en son plus étrange chapitre, que raconte *A Rebours*, le nouveau livre de M. Huysmans. Le duc Jean Floressas des Esseintes, éraillé et froissé par tout ce que la vie contient de grossier, de brutal, de bruyant et de sain, se retire des hommes en qui il ne voit point ses semblables, et se détourne de la réalité qui ne contente ni ne réjouit ses sens. Usant d'une imagination adroite et subtile, il s'emploie à donner à tous ses goûts une nourriture facticement convenable, présente à ses yeux des spectacles combinés, substitue les évocations de l'odorat à l'excercice de la vue, et remplace par les similitudes du goût certaines sensations de l'ouïe, pare son esprit de tout ce que la peinture, les lettres latines et fran-

---

[1] *Revue indépendante*, 4 juillet 1884.

çaises ont d'œuvres raffinées, supérieures ou décadentes, oscille dans sa recherche d'une doctrine qui systématise son hypocondrie, entre l'ascétisme morose des mystiques et l'absolu renoncement des pessimistes allemands. A l'origine et au cours de cette maladie mentale, préside la maladie physique. La névrose après avoir causé l'incapacité sociale du duc Jean, affiné son intelligence jusqu'à l'amincir, apparaît en lui plus ouvertement, le poursuit d'hallucinations, le force une première fois — dans l'épisode du voyage ébauché à Londres, — à tenter de rentrer dans la vie, l'anémie le mine et l'accable dans une prostration finale jusqu'à ce que la folie et la phtisie le menaçant — le duc Jean se résolve sur l'ordre de son médecin à revenir au monde pour mourir plus lentement.

Ce livre singulier et fascinant, plein de pages perverses, exquises, souffreteuses, d'analyses qui révèlent et de descriptions qui montrent, peut surprendre quand on le confronte avec les œuvres antérieures de M. Huysmans. Il nous semble qu'il est le développement, extrême mais logique, de quelques-unes des tendances qu'accusent *En Ménage, Les Sœurs Vatard, Marthe, Croquis parisiens*, etc. Par *A Rebours*, M. Huysmans a marqué dans une certaine direction la frontière avancée de son talent, qui se trouve embrasser certaines régions lointaines apparemment extérieures.

I

Les procédés d'art de M. Huysmans appartiennent en général, comme ceux des écrivains qui sont à la tête du roman, à l'esthétique réaliste. Il sait voir les personnes, les objets, les ensembles, les caractères avec une exactitude notablement supérieure à celle des romanciers idéalistes ; la vie d'un homme étant rarement tragique, il s'abstient de toute intrigue violente ou qui comprenne d'autres incidents que ceux éprouvés par un Parisien de la moyenne ; l'histoire à raconter se trouvant ainsi réduite, M. Huysmans l'expédie en quelques phrases et consacre ses chapitres non plus au récit d'une série d'événements, mais à la description d'une situation, d'une scène, procède non par narrations successives avec de courtes haltes, mais par de larges tableaux reliés de brèves indications d'action ; et, comme tous les écrivains de cette école, — avec de profondes différences personnelles, — il possède un vocabulaire étendu et un style riche en tournures, apte, par des procédés divers, à rendre l'aspect extérieur des choses, à reproduire les spectacles, les parfums, les sens, toutes les causes diverses et compliquées de nos sensations, de façon à les renouveler dans l'esprit du lecteur par la voie détournée des mots,

Mais parmi ces éléments mêmes qui sont les parties extérieures et communes de toute œuvre réaliste, il en est deux, l'exactitude de la vision et la richesse du style, que M. Huysmans a perfectionnés et menés à bout. Il n'est personne, parmi les romanciers, qui connaisse mieux Paris dans ses banlieues, ses quartiers excentriques, ses lieux de plaisir et de travail, dans ses aspects changeants de toutes heures, qui sache mieux les intérieurs divers des myriades de maisons parmi lesquelles serpentent ou s'alignent ses rues, qui porte mieux enregistrés dans son cerveau, les physionomies, la démarche, la tournure, les gestes, la voix, le parler, de ses catégories superposées d'habitants. Parmi les innombrables tableaux de Paris, les croquis et les scènes dont regorgent les romans de M. Huysmans, il en est dont l'exactitude frappe comme un souvenir, suscite instantanément une vision intérieure comme une analogie ou une coïncidence. Dans *En Ménage*, le début, où, par une nuit nuageuse, André et Cyprien, parcourent lentement une rue endormie, l'aspect particulier du pavé, le marchand de vin fermant sa boutique à l'approche silencieuse de deux sergents de ville, tandis qu'un fiacre cahote et butte sur le pavé, est assurément le récit détaillé de la série d'impressions que procure une rentrée tardive. Qui ne connait de son passage dans les bouillons, « cette épouvantable tristesse qu'évoque une vieille femme en noir, tapie seule dans un coin et mâchant à bouchées lentes un tronçon de bouilli? » Les soirées de la famille Vatard, celles de la famille Désableau, où Madame, après avoir lentement coupé un patron, l'essaie, les sourcils remontés et les paupières basses, sur le dos de sa fillette « la faisant pivoter par les épaules, lui donnant avec son dé de petits coups sur les doigts pour la faire tenir tranquille... pinçant l'étoffe sous les aisselles, méditant sur les endroits dévolus pour les boutonnières », ont une convaincante véracité. Il n'est presque point de page où l'on ne constate cette justesse de vision et cette probité artistique. Que l'on note encore le chapitre de *A Rebours*, où, par une boueuse nuit d'automne, le duc erre par tout le quartier anglican de Paris, des bureaux de « Galignani » à la taverne de la rue d'Amsterdam, — dans *Les Sœurs Vatard*, le tumultueux intérieur d'atelier de femmes par un matin de paye après une nuit blanche, la plaisante énumération des manques de tenue de l'ouvrière Céline devenue la maîtresse d'un monsieur à chapeau de soie, — le bruissant tableau des Folies-Bergère dans les *Croquis parisiens*, et les vues en grisaille de certains sites dolents de la banlieue, — enfin, dans tous ses livres, cette qualité que M. Huysmans est seul à posséder, l'art de rendre véridiquement la conversation, d'écrire en style parlé les dires d'un concierge, ou les bavardages de deux artistes ; assurément le réalisme de M. Huysmans, semblera rigoureux, complet, et extraordinairement voisin de la nature.

Dans ce perpétuel et acharné collétement avec la réalité, M. Huysmans a contracté quelques-unes des particularités de son style. Attentif aux conversations qu'il a entendu bruire autour de lui, renseigné par ses observations sur les termes techniques des métiers, il a retenu et su employer tout un vocabulaire populacier, populaire, bourgeois et artiste, amasser et déverser un trésor de mots d'argot et d'atelier qui lui permet de noter des sensations et des émotions dans la langue même des personnes qui la ressentent, lui fournit le mot exact ou pittoresque qui illumine toute une phrase du charme de la bonne trouvaille. Il dira de l'or d'une étole, qu'il est « assombri et quasi sauré » ; il dira encore : « des hommes soûls turbulaient » ; des fleurs lui apparaîtront « taillées dans la plèvre transparente d'un bœuf » ; il pourra écrire cette phrase : « Attisé comme par de furieux ringards, le soleil s'ouvrit en gueule de four, dardant une lumière presque blanche... grillant les arbres secs, rissolant les gazons jaunis ; une température de fonderie en chauffe pesa sur le logis ». Il tire de l'observation des comparaisons étonnamment justes : « Elle eut à la fin des larmes, qui coulèrent comme des pilules argentées, le long de sa bouche. » Comme pour tous les artistes, le commerce avec la réalité, avec ce que l'on peut saisir par les sens, revoir, tâter et montrer avec les spectacles familiers de l'humanité et du monde, lui a été profitable. Il a acquis à cette connaissance de la vie, la dose de véracité qui est indispensable au roman moderne, la force, la précision, la richesse et le pittoresque du style, les moyens, en somme, l'outil lui permettant d'élaborer et de réaliser sa conception particulière de l'âme et de la destinée humaine.

II

C'est, en effet, par une psychologie particulière des personnages, par la façon dont M. Huysmans se figure le mécanisme de l'âme humaine, exagère certaines facultés, amoindrit l'action de certaines autres, que ses romans tranchent sur leurs congénères, se sont nécessairement revêtus d'un style original et aboutissent à une philosophie générale déduite jusqu'en ses extrêmes conséquences. Si l'on examine quelle est l'activité commune et constante des créatures mises sur pied par M. Huysmans, si l'on écarte les traits généraux de toute conduite humaine, on arrive à constater qu'ils s'emploient à subir, à accumuler et à faire revivre des perceptions, surtout des perceptions visuelles, et surtout encore des perceptions visuelles colorées ou lumineuses. Le Cyprien des *Sœurs Vatard*, le Cyprien et l'André de *En Ménage*, le duc Jean de *A Rebours* semblent être, en fin de compte, des couples d'yeux montés sur des corps mobiles, aboutissant à de formidables ganglions optiques, qui pénètrent toute la masse cérébrale de leurs fibrilles radiées. Toute leur activité vitale aboutit à emmagasiner des visions et à en dégorger d'anciennes, à noter des aspects, à percevoir des colorations et des scintillements, et à évoquer, dans les périodes languissantes, d'anciennes vibrations lumineuses, entassées, endormies dans l'arrière-fonds de la mémoire, mais vivaces et aptes à reparaître à la suite d'une association d'idées, comme les altérations d'un papier sensibilisé, sous l'action d'un réactif.

Cette conception de l'âme humaine est, chez M. Huysmans, primordiale et irrépressible. S'il met en scène des personnages que leur manque de culture rend incapables d'observations minutieuses, dont les yeux rudimentaires ne savent point voir ; il intervient, décrit en personne, sensation par sensation, les tableaux que ces obtus spectateurs contemplent, et marque ensuite en réaliste exact le peu d'intérêt qu'éveille chez eux ce spectacle inaperçu. Il raconte en ses couleurs, son agitation et ses clameurs, la vue du cours de Vincennes par un jour de foire, puis : « Tout cela était bien indifférent à Désirée. » Il dessine en d'admirables pages le va-et-vient, les jets de vapeur, les escarbilles volantes, la course accélérée ou contenue des locomotives, toute la vie grandiose et fantastique de la gare de l'Ouest à la tombée de la nuit, et conclut : « Anatole réfléchissait. »

Mais, d'autres fois, la perfection de sa vision

l'emporte au-delà de la vraisemblance. Il prête à ses ouvrières l'acuité et la délicatesse oculaires qu'il possède, leur attribue, dans les contemplations auxquelles il les soumet, les plus rares qualités d'observateur. Ses brocheuses dévisagent admirablement l'employé de la maison Crespin qui vient leur réclamer de l'argent ; Désirée et Auguste, au moment de s'éprendre, se détaillent mutuellement en physionomistes consommés. Désirée, conduite au théâtre Bobino, perçoit la silhouette de la chanteuse, avec les omissions et les insistances d'un peintre intransigeant, puis les détails de sa toilette, comme une personne située dans la coulisse. Visiblement, M. Huysmans ne trouvait pas à loger dans ces âmes étroites, tout l'épanouissement de ses qualités de peintre verbal. Il se mit à l'aise dans *En Ménage* et eut recours aux artistes.

Assurément, jamais Paris n'a été fouillé, décrit, découvert, examiné dans ses détails et repris dans ses ensembles, analysé et synthétisé comme en ce beau livre, par le peintre Cyprien Tibaille et le littérateur André Jayant. Tout y apparaît, depuis l'appartement de garçon artiste où André s'installe après sa mésaventure conjugale, jusqu'à la place du Carrousel où il va promener sa nostalgie féminine et comtempler « le merveilleux et terrible ciel qui s'étendait au soleil couchant par de là les feuillages noirs des Tuileries..., les ruines dont les masses violettes se dressaient trouées sur les flammes cramoisies des nuages; » depuis le brouhaha d'un café du Palais-Royal le soir, jusqu'à ces taches lumineuses que la nuit, les fenêtres éclairées, dans les maisons noires font passer devant le voyageur d'impériale. Ce livre avec lequel on pourra toujours restituer la physionomie exacte du Paris actuel, nous donne l'aspect intime de la rue le matin quand les cafés s'ouvrent sur le passage des ouvriers et des filles découchées la nuit au moment des rentrées tardives, le soir à l'heure discrète ou des messieurs bien mis enboitent le pas d'ouvrières en cheveux, au crépuscule, où déserte et morte, elle sèche d'une averse sous la flambée jaune du soleil couchant ; il nous donne les boutiques, les ateliers, le garni d'un peintre, les brasseries, les restaurants, l'appartement d'une fille, celui d'un employé, tout le dedans et le dehors de la capitale du monde moderne.

Et ce livre qui se résume en une accumulation de tableaux colorés et mouvementés, n'a pas suffi à assouvir la passion descriptive de M. Huysmans. De même que les stratégistes et les joueurs d'échecs supérieurs dédaignent les rencontres réelles où l'imprévu altère la beauté des calculs et satisfont leurs aptitudes logiques, par la solution de problèmes factices, M. Huysmans s'est détourné de copier la réalité, qui ne répondait point à ses exigences sensuelles, et s'est fabriqué dans *A Rebours*, des objets de perception inventés et parfaits. Par d'adroites combinaisons de choses réelles, en éliminant tout ce qui dans l'art et la nature, était pour lui dénué d'émotion agréable, il a créé des visions et des perceptions artificielles, qui, élaborées de propos délibéré, se sont trouvées en harmonie parfaite avec ses facultés réceptives et les aptitutes de son style.

Il semble ici que la limite de l'art de voir et de rendre est atteinte. Le boudoir où des Esseintes recevait ses belles impures, le cabinet de travail où il consume ses heures à révoquer le passé, ou à feuilleter de ses doigts pâles, des livres précieux et vagues, cette bizarre et expéditive salle à manger, dans laquelle il trompe ses désirs de voyage, la désolation d'un ciel nocturne d'hiver, le moite accablement d'un après-midi d'été, les floraisons monstrueuses dont se hérissent un instant les tapis, les évocations visuelles et auditives de certains parfums aériens et liquides, et par dessus tout ces phosphoriques pages consacrées aux peintures orfévrées de Moreau, à certains ténébreux dessins de Redon, à certaines lectures prestigieuses et suggestives ; ici le style de M. Huysmans fulgure et chatoie, passe, pour employer une de ses phrases, « tous feux allumés ».

Dans l'effort pour rendre toutes les sensations dont les choses affectent ses appareils sensoriels et cérébraux, M. Huysmans atteint à une élocution consommée, orientale et supérieure.

Il a d'admirables trouvailles de mots ; par l'appariement des paroles, il sait rendre la nature du choc nerveux brusque ou lent, dont l'affectent ses sensations. Certaines phrases pétaradent et font feu des quatres pieds : « La horde des Huns rasa l'Europe, se rua sur la Gaule, s'écrasa dans les plaines de Châlons, où Aétius la pila dans une effroyable charge. La plaine gorgée de sang moutonna comme une mer de pourpre ; deux cent mille cadavres barrèrent la route, brisèrent l'élan de cette avalanche qui, divisée, tomba éclatant en coups de foudre sur l'Italie, où les villes exterminées flambèrent comme des meules ». D'autres phrases coulent lentement comme des larmes de miel : « Cette pièce où des glaces se faisaient écho et se renvoyaient à perte de vue dans les murs des enfilades de boudoirs roses, avait été célèbre parmi les filles, qui se complaisaient à tremper leur nudité dans ce bain d'incarnat tiède qu'aromatisait l'odeur de menthe dégagée par le bois des meubles ». D'autres encore sont agitées et cursives : « Glissant sur d'affligeantes savates, ce laveur s'enfonça dans un va-et-vient furieux de garçons, lancés à toute volée, hurlant boum, jonglant avec des carafons et des soucoupes, éblouissant avec la blanche trajectoire de leurs tabliers. »

Mais c'est surtout la sensation colorée que M. Huysmans est parvenu à reproduire intégralement par l'artifice des mots. Assurément cette phrase peut rivaliser avec les pigments qu'elle décrit : « Des branches de corail, des ramures d'argent, des étoiles de mer ajourées comme des filigranes et de couleur bise, jaillissent en même temps que de vertes tiges supportant de chimériques et réelles fleurs, dans cet antre illuminé de pierres précieuses comme un tabernacle, et contenant l'inimitable et radieux bijou, le corps blanc, teinté de rose aux seins et aux lèvres, de la Galatée, endormie dans ses longs cheveux pâles ». Et encore : « Sur sa robe triomphale, couturée de perles, ramagée d'argent, lamée d'or, la cuirasse des orfèvreries dont chaque maille est une pierre, entre en combustion, croise des serpentaux de feu, grouille sur la chair mate, sur la peau rose thé, ainsi que des insectes splendides, aux élytres éblouissantes, marbrés de carmin, ponctués de jaune aurore, diaprés de bleu acier, tigrés de vert paon. »

Mais, outre cette virtuosité générale, M. Huysmans a conçu un type de phrase particulier, où par une accumulation d'incidentes, par un mouvement pour ainsi dire spiraloïde, il est arrivé à enclore et à sertir en une période, toute la complexité d'une vision, à grouper toutes les parties d'un tableau autour de son impression d'ensemble, à rendre une sensation dans son intégrité et dans la subordination de ses parties : « Sur le trottoir des couples marchaient dans les feux jaunes et verts qui avaient sauté des bocaux d'un pharmacien, puis l'omnibus de Plaisance vint, coupant ce grouillis-grouillos, éclaboussant de ses deux flammes cerise, la croupe blanche des chevaux, et les groupes se reformèrent, troués çà et là par une colonne de foule se précipitant du théâtre Montparnasse, s'élargissant en un large éventail qui se repliait autour d'une voiture que charroyait en hurlant un marchant d'oranges ». Ou encore : « Tout va de guingois chez elle ; ni moellons, ni briques, ni pierres, mais de chaque côté, bordant le chemin sans pavé creusé d'une rigole au centre, des bois de bateaux marbrés de vert par la mousse et plaqués d'or bruni par le goudron, allongent une palissade qui se renverse entraînant toute une grappe de lierre, emmenant presqu'avec elle la porte, visiblement achetée dans un lot de démolitions et ornée de moulures dont le gris encore tendre perce sous la couche de hâle déposée par des attouchements de mains successivement sales ». Le souple enlacement de cette sorte de phrase, est sans égal. Elle est le produit dernier et la preuve de cette faculté réceptive que nous avons constatée; elle est la sensation même absorbée, élaborée dans l'intelligence, et projetée au dehors telle quelle.

Mais ce tour de force descriptif réussit avec une perfection et une fréquence qui constituent déjà une anomalie. Que l'on revienne, en effet, de l'analyse des personnages de M. Huysmans, à l'homme normal, chez qui la sensation perçue en gros et à la hâte, est transformée par un travail conscient ou inconscient en volontés, en actes, en une conduite et une carrière; le point morbide des créatures romanesques apparaît. L'épanouissement de leurs facultés réceptives a étouffé toutes leurs autres énergies, les a réduites à la vie végétative d'une plante passive par essence, régie et affectée par tout ce qui l'entoure, dépendant des aubaines du ciel et du hasard de sa situation. A mesure que M. Huysmans rend ses personnages plus nerveux, c'est-à-dire plus soumis et plus directement sensibles aux impressions externes, il est forcé d'atténuer leur force de volonté, de les décrire plus incapables de tirer de leurs sensations de forts et persistants mobiles d'agir. Tandis que dans ses premiers livres, l'organisme humain reste à peu près intact, dans ses derniers il le doue d'étranges timidités, d'une mollesse constante, d'un acquiescement résigné à toutes les vicissitudes, d'une absolue dépendance des circonstances extérieures, qui se traduit autant par l'incapacité d'André à travailler dans un appartement neuf, que par l'intolérable malaise qu'il ressent à vivre seul, sans le bruissement d'un jupon de femme autour de lui. Dans *A Rebours*, cette dysénergie est consommée ; des Esseintes est une pure intelligence sensible et ne tente dans tout le livre qu'un seul acte volontaire, qu'il laisse inaccompli : celui de se rendre à Londres. De leur impuissance volitionnelle, on peut déduire leur incapacité de vivre dans la société, leur aspiration, vaine pour les uns, satisfaite pour des Esseintes, vers une existence monacale, solitaire et recluse, enfin leur absolu pessimisme, leur misanthropie acerbe, leur dégoût de toute vie active.

III

En cette psychologie du pessimiste, qui juge la vie mauvaise en soi, répugne aux contacts sociaux, méprise ou bafoue les êtres les plus sains, plus bornés et robustes, plus aptes à agir et à jouir de concert, M. Huysmans déploie une pénétrante finesse d'analyse et fait certaines découvertes que n'ont point prévues les psychologues et aliénistes spéciaux de l'hypocondrie.

Il assigne à ses personnages le tempérament habituel des mélancoliques agités, une anémie partielle ou totale, une débilité turbulente, un système nerveux faible, c'est-à-dire excitable par des causes minimes ; pour le plus caractérisé de ses malades, le duc des Esseintes, M. Huysmans a recours à la symptomatologie de la névrose, qui est, en effet, habituellement accompagnée de mélancolie à son début.

Sur cette base physique dont les traits généraux seuls sont constants, M. Huysmans établit le caractère de ses personnages. Il leur assigne le trait principal du tempérament pessimiste, celui de ne pouvoir être affecté que de sensations désagréables ou douloureuses, même pour des objets qui n'ont en soi rien de haïssable (J. Sully, *le Pessimisme*). Dans les *Sœurs Vatard* la devanture d'une boutique de pâtisserie est décrite en termes de dégoût. Dans *En Ménage*, Cyprien, revenant d'une soirée, déblatère contre les diverses catégories des personnes qu'il y a aperçues, avec une amusante partialité. Plus tard, au Luxembourg, comme il passe en revue avec André, ses souvenirs d'école, qu'ils évoquent avec horreur, il finit par affirmer que tous ses camarades sont nécessairement ruinés et en peine d'argent. Les fleurs rares et étranges dont le duc Jean garnit son vestibule, ne lui présentent que des images de charnier et d'hôpital : « Elles affectaient cette fois une apparence de peau factice sillonnée de fausses veines ; et la plupart comme rongées par des syphilis et des lèpres, tendaient des chairs livides, marbrées de roséoles, damassées de dartres ; d'autres avaient le teint rose vif des cicatrices qui se ferment, ou la teinte brune des croûtes qui se forment ; d'autres étaient bouillonnées par des cautères, soulevées par des brûlures ; d'autres encore montraient des épidermes poilus, creusés par des ulcères et repoussés par des chancres ; quelques-unes enfin paraissaient couvertes de pansements, plaquées d'axonge noire mercurielle, d'onguents verts de belladone, piquées de grains de poussière, par les micas jaunes de la poudre d'iodoforme. »

De même que le tempérament craintif est disposé à ne voir dans l'avenir que des causes d'effroi, le tempérament malheureux ne présage que des déceptions. Dans *En Ménage*, Cyprien émet sur une nouvelle conquête d'André, sur les motifs qui font revenir à ce dernier une ancienne et désirable maîtresse, des hypothèses sinistres, qu'il s'irrite de ne point voir se réaliser. Et passant de cas particuliers à l'ensemble général, les personnages de M. Huysmans n'aperçoivent la vie que comme une suite d'infortunes. Il faut lire, à ce propos, les plaintes de M. Folantin, dans *A Vau l'eau*, ou le passage suivant de *A Rebours*, qui est un exemple parfait du paralogisme pessimiste, consistant à ôter d'un ensemble toute bonne qualité, et à le déclarer ensuite mauvais:
« Il ne put s'empêcher de s'intéresser au sort de ces marmots et de croire que mieux eût valu pour eux que leur mère n'eût pas mis bas.

« En effet, c'était de la gourme, des coliques et des fièvres, des rougeoles et des gifles, dès le premier âge ; des coups de bottes et des travaux abêtissants, vers les treize ans ; des duperies de femmes, des maladies et des cocuages, dès l'âge d'homme ; c'était aussi, vers le déclin, des infirmités et des agonies, dans un dépôt de mendicité ou dans un hospice. »

Et, chose singulière, cette vue exclusive des misères humaines n'inspire aux pessimistes de M. Huysmans aucune compassion pour leurs semblables : « Comme toute impression morale est pénible à l'hypocondriaque, dit Griesinger dans son *Traité des maladies mentales,* il se développe chez lui une disposition à tout nier et à tout détester. » Aussi M. Huysmans a-t-il soin d'entourer ses personnages de comparses ridicules et odieux, ou de les isoler entièrement ; et ni les uns ni les autres ne ménagent à la société des railleries qui tournent rapidement en dénonciations colères. Ils sont convaincus de l'avortement fatal de l'effort humain, dénigrent ses succès nécessairement partiels, dénoncent toutes les institutions nationales, contestent la possibilité du progrès et aboutissent, quand ils formulent la théorie générale de leurs sentiments, aux anathèmes du catholicisme ou à ceux plus absolus et aussi peu fondés de Schopenhauer.

Tous ces traits du pessimisme, connus déjà, sont rassemblés, coordonnés, caractérisés et montrés avec un art merveilleux et pénétrant dans les livres de M. Huysmans. Mais il est un point qu'il a découvert : l'influence du pessimisme sur le goût artistique. Par un choc en retour imprévu mais légitime, de même que les spectacles communément tenus pour beaux déplaisent au mélancolique, les spectacles jugés laids par les gens à tempérament heureux doivent confirmer l'état d'âme où il se complaît, le dispenser de toute négation et de toute révolte, évoquer sa tristesse et la laisser s'épancher. Le peintre Cyprien n'est à l'aise que devant certains spectacles douloureux et minables; il préfère « la tristesse des giroflées séchant dans un pot, au rire ensoleillé des roses ouvertes en pleine terre »; à la Vénus de Médicis, « le trottin, le petit trognon pâle, au nez un peu canaille, dont les reins branlent sur des hanches qui bougent »; formule son idéal de paysage en ces termes : « Il avouait d'exultantes allégresses, alors qu'assis sur le talus des remparts, il plongeait au loin... Dans cette campagne, dont l'épiderme meurtri se bossèle comme de hideuses croûtes, dans ces routes écorchées où des traînées de plâtre semblent la farine détachée d'une peau malade, il voyait une plaintive accordance avec les douleurs du malheureux, rentrant de sa fabrique éreinté, suant, moulu, trébuchant sur les gravats, glissant dans les ornières, traînant les pieds, étranglé par des quintes de toux, courbé sous le cinglement de la pluie, sous le fouet du vent, tirant résigné sur son brûle-gueule. »

Et sur ce dolent idéal, des Esseintes renchérit encore : « Il ne s'intéressait réellement qu'aux œuvres mal portantes, minées et irritées par la fièvre » «..... se disant que parmi tous ces volumes qu'il venait de ranger, les œuvres de Barbey d'Aurevilly étaient encore les seules dont les idées et le style présentassent ces faisandages, ces taches morbides, ces épidermes talés, et ce goût blet, qu'il aimait tant à savourer parmi les écrivains décadents ». Cette phrase est précédée d'une intéressante liste d'auteurs latins de l'agonie de l'empire, et d'une énumération d'auteurs français dans laquelle se coudoient curieusement des écrivains catholiques qui n'ont d'intérêt que pour des antiquaires en idées et en style, quelques poètes réellement décadents comme Paul Verlaine dont certains volumes ont les subtilités métriques et le niais bavardage des derniers hymnographes byzantins, et une bonne partie de ce que la littérature contemporaine a produit de supérieur et de raffiné. En effet, par une nouvelle contracdiction apparente, c'est au raffinement le plus fastidieusement délicat, qu'aboutit, en fin de compte, le pessimisme étudié par M. Husymans, comme un arbuste souffreteux et effeuillé culmine en une radieuse fleur.

M. James Sully a très exactement marqué que le dernier mobile du pessimisme est le désir que tout soit parfaitement bon, le souci de choses infiniment meilleures que celles existantes. Aussi, le pessimiste a-t-il plus de chances que l'optimiste de découvrir et d'apprécier les choses exquises, pourvu, qu'elles n'aient pas éveillé une admiration trop générale, qui offusque sa misanthropie. C'est par cette vulgarisation que des Esseintes s'est détourné des tapis d'Orient et des eaux-fortes de Rembrandt. Mais, par contre, personne plus que lui n'aura plus d'audace à se mettre au-dessus du goût public, à aller droit à ce qui est excellent. De là le raffinement, la recherche, la trouvaille, l'amour des belles choses inédites, de tout ce qui, dans le domaine artistique, — plus ouvert à la perfection que la nature parce que plus inutile, — se rapproche clandestinement de la supériorité absolue, satisfait certains goûts très nobles de la nature humaine, lui procure les plus complexes c'est-à-dire les plus belles émotions esthétiques. Ce raffinement, *A Rebours* en est le catéchisme et le formulaire ; tout ce qui, dans la réalité, peut meurtrir une âme délicate est écarté de ce précieux livre, est assourdi, amolli, sublimé et assuavi. A d'imparfaites sensations naturelles sont subtitués d'indirects et subtils artifices. Toutes les réalités y deviennent légères et flatteuses, depuis le vermeil expirant des cuillères à thé, jusqu'à la coupe bénigne de la coiffe de la domestique, depuis la splendeur assourdie des ameublements, les gaufrages des tentures, le mystérieux rayonnement des tableaux, à cette bibliothèque enfermant sous la beauté des reliures d'inestimables livres à l'exquisité des liqueurs bues, des parfums inhalés, des pensées évoquées et contemplées.

Et de ce sens du raffinement, M. Huysmans tire les dernières beautés de son style, qui se trouve joindre ainsi le délicat au populaire. Par la lecture de certains livres de théologie, de certains volumes de poésie savante, par de justes inventions, il enrichit et pare son langage, de vocables assoupis, longuement harmonieux et doux ; il les sertit et les associe en de lentes phrases, qui joignent le poli soyeux des mots, à la suavité de l'idée : « Sous cette robe tout abbatiale signée d'une croix et des initiales ecclésiastiques : P. O. M.; serrée dans ses parchemins et dans ses ligatures de même qu'une authentique charte, dormait une liqueur couleur de safran, d'une finesse exquise. Elle distillait un arome quintessencié d'angélique et d'hysope mêlées à des herbes marines aux iodes et aux brômes alanguis par des sucres, et elle stimulait le palais avec une ardeur spiritueuse dissimulée sous une friandise toute virginale, toute novice, flattait l'odorat par une pointe de corruption enveloppée dans une caresse tout à la fois enfantine et dévote. » Il parvient à rendre par de précises correspondances sensibles certaines sensations apparemment impalpables : « Muni de rimes obtenues par des temps de verbes, quelquefois même par de longs adverbes précédés d'un monosyllabe, d'où ils tombaient comme du rebord d'une pierre, en une cascade pesante d'eau » ; ou, plus immatériellement encore : « Dans la société de chanoines généralement doctes et bien élevés, il aurait pu passer quelques soirées affables et douillettes ». Et c'est ainsi armé des plus fins outils à sculpter la pensée, que M. Huysmans est parvenu à écrire ce surprenant chapitre VII de *A Rebours*, qui, racontant les intimes fluctuations d'âme d'un catholique incrédule, dévotieux et inquiet, marque le cours de pensées de théologie ou de scepticisme, par une succession de précises images, accomplissant le tour de force de seize pages de la plus subtile psychologie, écrites presque constamment en termes concrets.

Repassant en sens inverse par les parties dégagées dans notre analyse, revenant du plus complexe au plus simple, que l'on saisisse maintenant en son ensemble, en son accord et sa particularité spécifique, l'organisme intellectuel qui vient d'être étudié. Il se résume, semble-t-il, en une série de facultés perceptives de moins en moins étendues, provoquant des états émotionnels de plus en plus intenses. Sur la base d'un réalisme rigoureux, d'une aptitude singulière à apercevoir le monde ambiant, en son aspect véritable et à ressentir un plaisir général à la décrire, s'étage une faculté visuelle plus spécialisée, plus délicate, source de plus de joie et de plus d'efforts, celle de sentir et de retenir de préférence des sensations colorées. Une faculté visuelle plus restreinte encore, et dont les effets émotionnels de colère et de comique, semblent dépasser l'intensité, rend M. Huysmans apte à distinguer, à haïr et à railler dans les objets et les êtres ce qu'ils peuvent avoir de laid, d'odieux et d'imparfait. Enfin, par un juste retour, de cette vision du défectueux, à la suite d'une élimination extrêmement rigoureuse de tout déchet et de toute tare, M. Huysmans acquiert l'acéré discernement et l'intense jouissance des choses supérieurement belles et rares, le raffinement, qui, comme la pointe d'un cône, concentre, termine et raccorde toutes les lignes de son organisation intellectuelle.

Et toutes ces propriétés cachées d'une âme muette, se manifestent en ce corps des intelligences littéraires, le style. Il s'enrichit et s'affermit au contact de la réalité, se colore, s'infléchit et s'agite, pour rendre l'infinie complexité de délicates visions, s'irrite et s'énerve devant certains spectacles détestés, se subtilise, s'adoucit et s'enrichit encore, devient opulent et onctueux pour rendre la grâce resplendissante d'une certaine beauté supérieure, extraite et sublimée.

Dans les réactions et les mélanges de toutes ces énergies et ces capacités, dans leur ajustement et leur coordination, réside, il me semble, la physionomie intime d'un des jeunes artistes les plus originaux de notre temps. Il me paraît que M. Huysmans, par son dernier livre surtout, a donné plus que des promesses de talent; on peut légitimement compter, sans illusion amicale, que ses travaux aideront à maintenir et à exalter l'excellence actuelle de notre école littéraire.

LA COURSE A LA MORT [1]

Un roman paraît qui, s'écartant des nombreuses œuvres imitées des esthétiques admises, est original par le cas psychologique qu'il étudie et inaugure, avec les quelques livres marquants de ceux qui débutent, un nouveau style et un nouvel art. On n'en parle guère et cependant cette œuvre est encore un indice, à l'heure actuelle, de l'état d'esprit d'une partie des jeunes gens, de leurs vœux artistiques et du but auquel ils vont. La *Course à la Mort!* le nouveau roman de M. Édouard Rod, est ce livre à la fois singulier et actuel, dégagé des anciennes modes et décrivant, en de pénétrantes analyses, la phase la plus récente du mal et de la passion de ce siècle : le pessimisme.

Écrite comme une autobiographie, en une série de notes éparses que relie à peine un récit d'amour ténu et bizarre, la *Course à la Mort* est

[1] *Vie moderne*, 25 juillet, 1851.

l'histoire d'un jeune homme en qui le pessimisme latent de cette époque, portant ses dernières atteintes, devient ressenti et raisonné, envahit et stérilise le domaine des sentiments, frappe d'une atonie définitive l'âme qu'il a mortellement charmée.

Le héros du livre est à la fois raisonneur et analyste. S'aidant de Schopenhauer, il s'efforce de mettre sa mélancolie en système et de se faire illusion sur les causes de son humeur par un exposé didactique, qui démontre en toutes choses la cause nécessaire du mal. Cet apparat scientifique n'est qu'un semblant ; le pessimisme que décrit la *Course à la Mort* a d'autres origines qu'une conviction spéculative. Celui que ce livre nous confesse est atteint plus profondément que dans son intelligence ; il est malade de la volonté et de la sensibilité, il se sait vaguement frappé au centre de son être et s'entend à démêler dans la contemplation de sa ruine morale les plus secrets symptômes.

Il ne profère plus les plaintes d'il y a un demi-siècle, il n'accuse ni le monde, ni la société, ni la destinée. Il ne reproche pas aux hommes de ne point le comprendre, il rêve à peine de vivre une existence enfin fortunée, dans des siècles passés, en des contrées distantes. Après tous ses prédécesseurs il devine le premier que son mal est en lui et qu'aucune variation fortuite dans les circonstances ne l'en guérirait.

Sachant les hommes innocents de sa tristesse il consent à les plaindre de subir comme lui tout l'odieux d'une existence qu'il hait, et dont le console le seul et vain souci de se connaître.

L'impuissance de sa volonté, qui est la cause et le fond de son infortune, est par lui subtilement analysée; il distingue le penchant à suppléer aux actes par de vagues rêves, sa dépravation morose qui le porte à se regarder faire dans le peu qu'il fait et à se rendre ainsi de plus en plus incapable de toute action spontanée; enfin apparaît ce dernier symptôme de la décadence volitionnelle, la lassitude anticipée, le dégoût préventif qui détournent même de tout désir, de tout rêve d'entreprise et bornent définitivement en son incapacité le malade et le moribond que M. Rod étudie : « Oui, le désir et le dégoût se touchent alors de si près qu'ils se confondent et ne font plus qu'un et je les sens qui me travaillent tous les deux à la fois. Ma chair encore frémissante des vrilles de celui-là, s'apaise dans le lit d'insomnies et de cauchemars où celui-là la pousse. Ma pensée en marche s'arrête soudain et recule meurtrie comme un bataillon décimé dans une embuscade, jusqu'aux retranchements du silence. Où est la force qu'une seconde j'avais sentie en moi?.. A la fin le dégoût reste seul; comme une ombre se mouvant dans une lueur très pâle, il grandit, il devient ruineux, il absorbe tout, le présent et l'avenir, ce qui est et ce qui pourrait être, il étend jusqu'à d'invisibles limites son envahissante obscurité et sa main pesante m'écrase dans ces ténèbres émanées de lui. »

De la volonté le mal s'étend aux émotions. Le pessimisme de M. Rod arrive à ce dernier repliement sur soi, où s'interrogeant sans cesse, oubliant de vivre à force de s'analyser, il en vient à ne plus être sûr de ses propres sentiments; les désirs remuent à peine et s'étiolent, les passions deviennent circonspectes et douteuses. C'est une période d'une de ces équivoques et indécises amours qui donne au livre sa trame.

※
※ ※

Par son intrigue encore ce roman est original et se distingue surtout du *Werther* et de l'*Obermann* du commencement de ce siècle.

L'étrange héros de la *Course à la Mort* n'aime pas, on doute du moins qu'il aime et se sent douter, interroge sans cesse son pâle cœur, ne sait que résoudre et se résigne à son atonie. Il oscille et hésite; il est des heures où les dernières ondes de son sang, les regards profonds de celle qui passe dans sa vie, lui font pressentir l'éclosion d'une forte et douloureuse passion ; puis ce qui tressaille en lui s'apaise, il se dissèque, il analyse en lui les derniers frémissements de son âme et la voit se calmer sous son introspection ; puis des paroles ordinaires de Cécile N..., un geste disgracieux le repoussent et, se souvenant de l'ancienne théorie de Schopenhauer sur l'amour, il pénètre à cette vue profonde et clairement conçue que c'est l'hostilité et non l'attrait qui règne entre les sexes. De plus douces émotions reviennent, il est ressaisi par le charme, enlacé par l'illusion, il veut vivre, se redresser, sortir de son suaire, mais il se butte de nouveau, s'arrête, ébauche un geste de renoncement et médite son impassibilité jusqu'à ce que la mort de Céline N.., vienne détruire ce vestige d'amour et résoudre les contradictions de son âme en une longue harmonie de regrets.

Que l'on observe combien cette nouvelle intrigue a été pressentie des jeunes romanciers.

Des livres de M. Huysmans où l'amour ne joue aucun rôle, et dont le dernier analyse un solitaire, à cet admirable roman de M. Albert Pinard, *Madame X...* qui est l'histoire de deux êtres dont aucun ne peut subjuguer l'autre en un aveu, d'autres œuvres encore affirment une nouvelle manière d'envisager les relations passionnelles qui diffèrent de celles des anciens romans en ce que la femme n'est plus l'être asservissant et dominateur que présentent les de Goncourt et Zola. Et si l'on joint à cette originalité fondamentale celle du faire, le style, qui n'est plus ni coloré, ni abandonné au rendu des choses visibles, mais abstrait et apte à figurer les faits de l'âme, — des procédés qui ne sont pas la description, mais l'analyse psychologique et rapprochent ainsi la *Course à la Mort* des dernières œuvres de M. Bourget, on aperçoit combien le nouveau livre de M. Rod est significatif et actuel.

*
* *

Cette œuvre va de nouveau faire déplorer le pessimisme du temps.

Des gens aussi incompétents que M. Dionys Ordinaire vont disserter sur les tendances de la jeunesse et on en cherchera l'origine dans quelque chose d'aussi insignifiant que la politique.

Il convient peut-être de dire que la jeunesse littéraire est pessimiste comme le furent en

1830 les jeunes romantiques et en 1850 les réalistes, et plus tôt encore la pléiade des Parnassiens. Et si l'on veut remonter plus haut, si l'on réfléchit quel abîme sépare la littérature française de ce siècle de celle des époques passées, on trouvera au pessimisme contemporain assez d'ascendants pour se convaincre que la tristesse est l'essence même du nouvel art, et peut-être de tout art noble.

Ce pessimisme qui, certes, n'empêche pas les honnêtes gens de goûter les joies qu'ils peuvent avoir est la source de toutes nos œuvres magistrales ; il a évolué, de tapageur et théâtral qu'il était au début de la nouvelle période, à une phase plus calme et plus fière qui prête aux vers récents un chant plus intime et fournit à l'analyse des âmes plus profondes. Dans la représentation de ce mal — et quel livre *intéressant* n'est pas un peu pathologique — M. Rod est parvenu à montrer de nouvelles phases et de plus intimes déchirements.

Avec d'autres, il inaugure dans le roman, à côté de l'étude de l'amour, qui en restera la tâche et le prestige, l'étude de la haine qui commence à sourdre entre l'homme et la femme à une époque où ils aperçoivent l'antagonisme de leurs intérêts sociaux et devinent l'hostilité de leurs fonctions vitales.

Certains vers de la Justice de Sully Prudhomme commentant certaines pages de Darwin, sont la préface de cette nouvelle tendance. Il nous paraît intéressant de la signaler et d'en désigner les représentants.

PANURGE [1]

« Panurge étoit de nature moyenne, ny trop grand, ny trop petit, et avoit le nez aquilin, fort, à manche de rasoir, et pour lors étoit de l'âge de trente-cinq ans ou environ, fin à dorer comme dague de plomb, bien galant homme de sa personne, sinon qu'il étoit quelque peu paillard et sujet de nature à ce qu'on appeloit en ce temps là :

Faute d'argent c'est douleur non pareille.

« Toutefois, il avait soixante-trois manières d'en trouver tousjours à son besoin, dont la plus honorable et la plus commune étoit par façon de larrecin furtivement faict ; malfaisant, pipeur, buveur, batteur de pavez, ribleur s'il en étoit à Paris ; au demeurant le meilleur fils du monde et toujours machinoit quelque chose contre les sergeants et contre le guet. »

[1] *Panurge*, n° I, octobre 1882.

Et après ce portrait sommaire, viennent à la débandade, les mille aventures drôlatiques où ce véritable héros de Rabelais se dessine à gros traits, menant à Paris le train bouffon de l'écolier de l'époque, puis partant pour les pays de la fable contre le roi des Dipsodes, puis s'embarrassant dans cette épineuse question du mariage, et parcourant pour s'amuser dans son dessein tout l'archipel d'îles peuplées à souhait des innombrables êtres allégoriques dont Rabelais tenait à rire ; en somme la plus durable et la plus humaine des caricatures énormes qui s'étalent dans le bréviaire des « beuveurs très illustres et et vérolez très prétieux ».

Panurge est besoigneux, de petite extraction ; il n'a rien de la débonnaireté massive que donnent à Pantagruel sa force de géant et sa naissance. Maigre, « écorné et taciturne faute de danare », ses appétits faméliques, maintenant qu'un coup du sort l'a jeté dans la domesticité d'un grand seigneur, réclament des satisfactions prodigieuses. Aussi faut-il suivre dans le récit, ses ripailles perpétuelles, ses incessantes invitations à la coupe, « ha buvons », ses festins de gros mangeur quand il a conquis à la guerre un château et des biens : « Il se ruinait en mille petits banquets joyeux et festoyements, ouverts à tous venants, mêmement à tous bons compagnons, jeunes fillettes et mignonnes galloises, abattant bois, prenant argent d'avance, mangeant son bled en herbe. »

Ces belles bombances ne ressemblent ni au fastes de Timon d'Athènes, ni aux réceptions du vieux Capulet. Panurge a beau s'être frotté aux nobles et aux écoliers, il est resté bohême de petite race, de probité variable, avec la lâcheté égayée d'impudence des Scapin, et rancunier par surcroît, comme le démontre l'épisode de Dindenaut et de ses moutons, « lesquels tous furent pareillement en mer portez et noyez misérablement. »

*
* *

Mais sous cet air d'aigrefin, Panurge cache l'âme la plus libre et la plus railleuse. Il est l'irrespect même, gausseur sceptique, incrédule, attaquant, dès la Renaissance, tout ce que le dix-huitième siècle devait si agréablement meurtrir. Il y voit si clair, avec une intelligence si nette à trouver en tout le bouffon et le ridicule, qu'il ne respecte pas même cette chose éminemment vénérable, la force. Sous François Ier, il parodie la royauté, fait d'Anarche roi des Dipsodes pris à la guerre, « gentil crieur de saulce verte » et l'expérience réussit à souhait : « et fut aussi gentil crieur, qui fût oncques vu en Utopie ; mais l'on m'a dit depuis que sa femme le bat comme plâtre, et le pauvre sot ne s'ose défendre, tant il est niais. » Ni l'Église, ni les gens de loi, les papimanes, les papegauts, les evegauts, les saintes décrétales, les chats fourrez et chicanous, ne lui inspirent plus de retenue. Toute puissance établie lui donne à rire, avec des mots si crus, une ironie si âcre, que la salissure reste ineffaçable.

Et cependant, si Panurge est sceptique c'est sans contention d'esprit et sans insistance. Avec son gros frère Jean des Entommeures, ce dont il se préoccupe en somme après avoir bu et raillé, c'est de choses plus personnelles, de la grande aventure qu'il appréhende, de son mariage, ou, plus précisément, de ne point « s'adonner à mélancholie », de chasser toute altération d'âme, de vivre gaillardement en une profonde quiétude d'esprit. « Remède à fâcherie ? » Cette question qu'il propose à Pantagruel près de l'île Caneph, est bien celle qui l'intrigue, et qu'il résout sans cesse, par son insouciance, un grand manque de scrupules, cette parfaite légèreté et indolence d'âme, qu'on appelle « avoir de la philosophie » ; certaine gayeté d'esprit, dit Rabelais, conficte en mespris des choses fortuites, pantagruélisme sain et dégourt, et prêt à boire, si voulez. »

* * *

Derrière ce personnage, grossi en caricature et décrit de verve, il y a plus qu'une imagination de Rabelais. Panurge rassemble quelques-uns des traits les plus permanents et les plus rarement retracés de l'ancien caractère français.
Si l'on écarte tout ce que ce type a d'ignoble et d'excessif, que l'on considère l'adresse de ses machinations, ses malices, ses réparties, sa façon de considérer les femmes, oscillant entre la galanterie et la méfiance, son scepticisme superficiel, ce sont là autant de façons de penser françaises. Les cours qui ont façonné notre race, ne l'ont dotée à l'origine, ni de la roideur de passions des Anglais, ni du mysticisme allemand. Un esprit plus élastique, plus observateur, plus agile nous a fait pénétrer les dessous ridicules de ce que l'on vénère ailleurs. Ni l'exaltation à propos de questions métaphysiques, ni le respect de la force ou du droit, n'ont dominé en France au point de garantir la religion, les rois et les juges. Dès l'éveil de l'esprit national, le pouvoir de ces trois êtres était mis en question, miné de plaisanteries et moralement détruit.

Du roman de Renard à Courier, cette besogne de démolition n'a pas chômé.

Mais, après quelque temps de bataille, les gênes un peu élargies, l'amour du bien-être, la paresse d'esprit revenaient. On s'était un peu ému dans une lutte sans grandes défaites ; on s'en va à ses affaires, sans plus tenir à ses négations, que le voisin à ses affirmations. Et, au bout de toute cette escrime plus amusante qu'acharnée, celle de Montaigne et de Voltaire, la question finale qui s'empare de l'esprit français, est bien celle de Panurge. « Remède à fâcherie ? » Il faut jouir de vivre, en gens avisés, distraits, prompts d'intelligence. Et alors viennent les vrais artistes français, La Fontaine, Watteau, les auteurs, les vaudevillistes, les chansonniers, tous gens qui cherchent à égayer, demeurent, écrivant à point nommé pour les « langoureux malades ou autrement faschez et désolez. »

*
* *

Aujourd'hui beaucoup de choses ont varié, et la question de Panurge se pose plus inquiétante. Notre vie est devenue douce, mais nos envies ont grandi en disproportion. Nous sommes accablés par la complication des affaires, les soins d'une lutte pour la vie, plus âpre, la conduite difficile de nos ambitions. Les plaisirs physiques, que nos corps supportent plus mal et moins longtemps, nous abandonnent, et d'ailleurs ne nous suffiraient pas. Nos cervaux sont surmenés par l'enchevêtrement des sciences modernes, la complexité de nos sensations. Nous avons tout pris à toutes les races. Par une dénaturalisation périlleuse, nous pensons de plus en plus à l'anglaise, nous sentons de plus en plus à l'allemande. Notre scepticisme a subsisté ; mais il veut maintenant approfondir les questions suspectes, et, à cet effort, il a perdu toute gaîté et toute popularité. Nos arts et nos vies tendent de plus en plus à dépouiller la joie. Et c'est avec une avidité accrue par tous ces motifs de tristesse, que nous cherchons une réponse à l'interrogation de Panurge. Nous avons les voyages, la dure distraction du travail, la chasse, le jeu, ce que Pascal appelle, « les plaisirs tumultuaires de la foule ». Mais les plus clairvoyants considèrent que ce sont là des palliatifs plus que des remèdes. La façon d'envisager la vie a revêtu chez notre élite des formes douloureuses qui diffèrent peu du pire pessimisme. « Le meilleur fruit de notre science, dit M. Taine, dans un des livres les plus humoristiques de notre temps, est la résignation froide, qui réduit la souffrance à la douleur physique. » L'on ne pourra s'empêcher de penser que ce fruit est amer, petit, à portée de peu de mains, et que depuis trois siècles, nous nous sommes beaucoup éloignés de Rabelais et du pantagruélisme.

DE LA PEINTURE [1]

A PROPOS D'UNE LETTRE DE M. J.-F. RAFFAELLI

I

Le Salon de cette année, les réflexions qu'il a suggérées dans ce journal s'étaient bien éloignés déjà de la mémoire de leur auteur, quand tableaux et commentaires lui furent rappelés par une conversation fortuite dont l'écho lui parvint. Un de ses amis eut l'occasion de visiter le peintre J.-F. Raffaëlli à Jersey; l'entretien vint à porter sur les articles que l'on a pu lire dans la *Vie Moderne;* ils se résumaient en somme en une prédilection marquée pour les peintres *émotifs*, si l'on peut dire ainsi, les peintres donnant une émotion de couleur, et pour leur représentant, M. Wihstler. Les

[1] *Vie Moderne*, 13 novembre 1886.

remarques de M. Raffaëlli, qui, comme on le sait par sa préface du catalogue de son exposition en 1884, est un théoricien de son art, parurent extrêmement intéressantes, et grâce à la personne qui servait de truchement, il fut possible d'en obtenir un exposé par écrit. Ces notes soulèvent la question du but, c'est-à-dire de l'essence même de la peinture. Elles seront envisagées et discutées à ce point de vue.

« La critique du Salon dans la *Vie Moderne*, dit M. Raffaëlli, se borne à l'éloge de M. Whistler. C'est dans son œuvre, en général, un excellent peintre et un des dix plus beaux d'aujourd'hui. Mais est-il juste de donner la place suprême à un art semblable, surtout lorsqu'il est représenté dans une exposition par le portrait de Sarasate, et de faire fi d'autres recherches ? Que dirait-on d'un critique littéraire qui placerait Dostoieski en première ligne du mouvement des lettres contemporaines ? *Crime et Châtiment* est admirable parce que ce roman est appelé à peindre l'hallucination criminelle, mais le peintre qui entoure d'une pareille hallucination indifféremment un violoniste mondain, une jeune femme charmante, Carlyle, ou de délicieux enfants roses est absurde, parce que ces œuvres sont absurdes et morbides, parce que l'absurde et le malade ne peuvent pas rationnellement prétendre prendre jamais place dans notre admiration.. »

« Certes, je reconnais l'importance qu'il convient de donner à l'hallucination comme facteur de la civilisation à une époque où l'illusion religieuse vient à nous faire défaut; je reconnais aussi que toute œuvre d'art résulte d'une hallucination. Mais l'hallucination n'a justement ce pouvoir civilisateur admirable que lorsqu'elle renferme, détient et porte l'enthousiasme sur un caractère important, enthousiasme admiratif par amour, ou caricatural par haine. Tous les maîtres peintres sont là pour affirmer ce que j'avance; voyez l'enthousiasme de l'apparat grandiose chez le Vénitien Véronèse, de la foi chez les croyants, Fra Angelico ou Pinturicchio, ou de la haine vivifiante de la vilaine petite bourgeoisie de 1830, chez Daumier. Je pourrais les citer tous et nous trouverions toujours la même chose : enthousiasme pour un caractère dominant à une époque et dans une société donnée, interprété en admiration par amour, ou en haine par amour de la vertu contraire au vice découvert. »

M. Raffaëlli poursuit, en discutant, les appréciations qui ont paru ici même sur ses tableaux de l'Exposition de la rue de Sèze. Nous avions dit : « M. Raffaëlli devient de mieux en mieux un peintre exact de types et d'expressions, un portraitiste de physionomies humaines. »

— Or donc, n'est-ce rien que cela, s'écrie M. Raffaëlli.; grand merci si on fait fi de pareilles recherches.. On ajoute : « qui malheureusement verse dans la caricature. » Mais que l'on me dise un peu quel tableau doit naître sous mon pinceau quand le sentiment que j'ai de la scène que je veux rendre est un sentiment d'ironie ou de colère. D'ailleurs ce mépris de la caricature me froisse partout où je le rencontre, car la caricature a autant de droit à l'admiration que tout autre forme d'art. »

Telles sont ces notes et cette conversation. Si l'on se reporte pour la comprendre pleinement à l'étude sur le beau caractéristique qui se trouve à la tête du catalogue déjà cité, on verra qu'en somme M. Raffaëlli, à travers d'ailleurs bien des obscurités et des longueurs, écartant les désignations de classicisme, de réalisme, de romantisme et de naturalisme, posant en principe qu'esthétiquement toute époque a une notion particulière du beau, que socialement notre époque est caractérisée par un épanouissement, complet de l'individualisme et de l'égalité, qu'ainsi l'unité humaine autonome et libre est le facteur principal de notre vie sociale, on arrive à cette page d'un grand souffle sur la nécessité où est la peinture de travailler à représenter l'homme et toutes sortes d'hommes.

« Le beau de la société, écrit M. Raffaëlli, est dans le caractère individuel de ses hommes, de ses hommes qui ont su conquérir lentement leur raison, au milieu des affolements de la peur; de ses hommes qui ont su conquérir leur liberté après des centaines de siècles de misère, de vexations et d'abus misérables où le plus fort a toujours asservi le plus faible. Voilà le beau chez nous. Il nous faut graver les traits de ces individus; à tous, depuis les plus grands jusqu'aux derniers, parce que tous ont bien mérité de l'humanité.

« Que ceux qui ont une idée médiocre ou pauvre et qui ont besoin d'être en face de grands hommes pour s'apercevoir de la grandeur de l'homme, s'adressent à nos de Lesseps, à nos Edison, à nos Pasteur ou bien à nos politiques, aux généraux, aux écrivains, aux artistes, aux grands commerçants, aux industriels fameux, aux philosophes; mais que ceux qui se sentent l'âme élevée et le cœur vibrant pour la suprême beauté de leur race prennent les plus humbles, les va-nu-pieds et les derniers pauvres gens. Tous ont combattu, tous ont fait l'effort, tous sont vainqueurs; qu'ils aient combattus par les idées ou par la force sans comprendre bien, suivant leurs moyens, admirons-les! Je ne vois qu'une chose debout : l'Homme grand, droit et dégagé. »

et M. Raffaëlli poursuit en exhortant à l'étude passionnée et universelle de l'homme dans toute l'étendue de la société et dans toute la série de ses conditions, de ses manières d'être, de ses mœurs et de ses types.

L'on concevra maintenant toute l'importance de la doctrine artistique de M. Raffaëlli et comment elle détermine une conception toute particulière de la peinture. M. Raffaëlli, dominé d'une sympathie humaine qui est belle en soi et qui vivifie son grand talent, voudrait borner cet art à nous donner de notre race et de nos contemporains, une série d'effigies caractéristiques, propre à nous les faire connaître intimement et par conséquent aimer, admirer, ou haïr et ridiculiser. Étant donné que toute œuvre d'art ne vaut que par l'émotion qu'elle produit, ce peintre désire exciter la sympathie de ses spectateurs par l'exactitude minutieuse et il faut le dire, magistrale, avec laquelle il reproduit ses types; par leur choix généralement excellent et notable ; par leurs occupations et manières d'être parfaitement appropriées à leur extérieur; en d'autres termes, par sa pénétration dans une série de caractères, d'âmes, de natures humaines; et par sa faculté de nous les faire pénétrer, de nous les révéler. Son art aboutit à la connaissance passionnée, sympathique ou antipathique, d'une portion représentative de l'humanité de ce temps. C'est là, croyons-nous, un exposé impartial et exact de ses tendances et de ce qu'il accomplit. Mais ces tendances et ces résultats sont-ils par excellence ceux que doit poursuivre l'art pictural? Nous ne le pensons pas.

TABLE DES MATIÈRES

I. — Flaubert	1
II. — Zola avec P. S.	69
III. — Hugo	105
IV. — Goncourt avec P. S.	157
V. — Huysmans	185
VI. — La *Course à la Mort*	213
VII. — Panurge	221
VIII. — A propos d'une lettre de M. Raffaëlli	229

Tours, imp. Deslis Frères, rue Gambetta, 6.

www.ingramcontent.com/pod-product-compliance
Lightning Source LLC
Chambersburg PA
CBHW061958180426
43198CB00036B/1359